AF450137

Giuseppe Rensi

Platone
e Cicerone

Vite parallele di filosofi

Finito di stampare nel mese di agosto 2023
presso Rotomail Italia Spa – Vignate (MI)
per conto di Primiceri Editore Srls
Via Savonarola 217, 35137 Padova
Prima Edizione
ISBN 978-88-3300-335-1
www.primicerieditore.com

A
REMO FEDI

AVVERTENZA

Di queste " Vite „ la prima comparve nel Secolo XX dell'Agosto 1828, e venne anche riprodotta da La Patria degli Italiani *di Buenos Aires il 20 Settembre 1930 ; la seconda vide la luce nella* Rassegna Nazionale *del Maggio - Giugno 1930.*

Non v' è in queste pagine nessuna intenzione di ricerca erudita. Piuttosto si vorrebbe dare l'impressione diretta, attinta dagli autori dell'epoca e riprodotta in forma moderna, di avvenimenti antichi, come fecero — senza che ciò s' intenda menomamente istituire un ravvicinamento — il Martha, il Boissier, e presso di noi il Pascal.

G. R.

I

PLATONE

'Ως καὶ τύραννον πᾶς ἐφίεται
φυγεῖν.

Sof., fr. 351

Dopo la potenza politica di Atene, anche quella di Sparta, già profondamente scossa, si avviava verso il suo imminente totale sfacelo. Tutto il paese greco, sconvolto in special modo dagli ultimi nove anni di guerre, covava chiaramente i sintomi del dissolvimento che gli incombeva. La vita economica al pari di quella politica e civile si dibattevano in una crisi oramai insanabile. I piccoli agricoltori erano usciti dalle guerre rovinati, le vecchie famiglie erano sradicate e impoverite, cominciava quella concentrazione della proprietà terriera in poche mani che doveva nell' avvenire prossimo determinare lo spopolamento. Già si delineava, con la formazione del proletariato, la scomparsa dei vecchi partiti e la loro sostituzione con la lotta di classe. Il valore del denaro precipitava senza tregua e i prezzi aumentavano. Improvvise ricchezze si formavano per opera della speculazione monetaria, a cui spesso la stessa incertezza delle condizioni largiva enormi guadagni. E il medio *standard of life* era diventato così notevolmente inferiore a quello del quinto secolo che i cinquanta talenti di Timocrate potevano nel 395 bastare ad influenzare la politica degli Stati alleati contro Sparta.

Solita conseguenza delle guerre, le rivoluzioni perturbavano uno Stato dopo l'altro, portando al potere e alternativamente abbattendo democrazie, aristocrazie, tirannidi. Ciascuno di questi regimi esercitava il potere con durezza senza scrupoli, e la morte o l'esilio incombeva sui vinti. Dappertutto una scissione profonda ed un urto implacabile di condizioni e di convinzioni, e là (come in Atene) dove si voleva operare, in politica e in religione, un " ritorno ai principî „ non si riusciva che all'artificiosità nel primo campo, al vuoto e officiale formalismo nel secondo. Per i veri uomini di Stato non c'era più posto, e invece, fondati sugli eserciti oramai diventati professionali, e spesso sugli esuli, sui banditi, sulle masse proletarie, prendevano decisamente il sopravvento gli uomini d'armi, gli ufficiali di ritorno dal campo, i " condottieri „ (1).

Il maggiore di questi era riuscito a costituire il più forte Stato greco d'allora. La caduta di Agrigento sotto le armi cartaginesi aveva scosso profondamente la corinzia Siracusa. Quella sconfitta non poteva che essere un tradimento, dovuto

---

(1) Cfr. **E. Meyer**, *Geschichte des Altertums*, vol. V § 880 e seg., e sui " condottieri „ § 885 (Cotta, Berlino, III ediz., 1921).

ai generali conservatori e nemici della democrazia, ai quali bisognava sostituire uomini del popolo. Con un attacco condotto su queste basi demagogiche il venticinquenne ufficiale Dionigi era pervenuto, in una tumultuaria adunanza, a farsi nominare stratega con Ipparino. Poco dopo, fingendo d'essere stato insidiato nella vita, aveva ottenuto di potersi costituire una milizia personale (di seicento uomini, ma che egli portò a mille). Erano soldati provati e a lui devoti. Subito affidò ogni posto di comando a uomini di sua fiducia, esiliò coloro di cui dubitava (Desippo), fissò la sua residenza nella cittadella, accusò dinanzi al popolo e fece giustiziare alcuni degli uomini politici che avevano tenuto precedentemente il potere (Damarco) e fu padrone dello Stato. Come sempre, la mossa iniziale demagogica (1) gli aveva servito a fondare una tirannide, di trentott'anni (405-367 a. C.). — In una sfera più modesta, Clearco lo teneva per modello e seguiva le sue orme. Senofonte si era comportato come un vero capitano di ventura. Conone, appoggiato al suo esercito, s'era bilanciato, quale una potenza indipendente, tra Atene e la Persia. (2) Germi ed esempi, i

---

(1) " Dionysius, in seiner innern Waltung der vollständigste Typus des neuern, aus der Demokratie entstandenen Tyrannen „ (I. Burchkardt, *Griechische Kulturgeschichte*, ed. Kröner, Lpz. vol. I, p. 191).

(2) **Meyer,** l. c. § 885. " Als eine Macht für sich steht er zwischen Athen und Persien „.

quali, circa un secolo dopo, quando il mondo, diventato agitato e convulso, aperto e flessibile a tutte le improvvise " novità „, cioè nel periodo macedone, consentiva che ogni più romanzesca, anzi rocambolesca, avventura politica fosse tentata e riuscisse, dovevano dar origine allo straordinario paradigma di tutti gli avventurieri, che, in analoghe situazioni internazionali, partendo dal nulla conquistano un regno : all' istantaneo salire sull'orizzonte della meteora folgorante di Agatocle. (¹)

Questa la scena politica nella quale si svolge la vita e il pensiero di Platone.

Il dramma politico di Platone non è quello (che riscontreremo in Cicerone) dell'uomo che assiste con disperazione al crollo senza riparo del sistema politico con cui la sua personalità è indissolubilmente connaturata. Antidemocratico, egli non sentiva certo il suo spirito immedesimato con la forma di vita pubblica ateniese. Pensatore di ampissima ala, non temeva certo il nuovo, ed anzi poteva forse sperare che la plasmabilità d'una si-

---

(1) Cfr. il bellissimo quadro che ne delinea il Burckhardt, come del tipico rappresentante dell' " uomo ellenistico „, di quell' età d'oro dell' individuo senza scrupoli, in cui "man möchte sagen, es müsse damals für Individuen eine aparte Sonne geschienen haben „ *(Griechische Kulturgeschichte,* ed. cit., vol. III pag. 291; Agatocle, pag. 300 e s.).

tuazione politica cedevole ad ogni urto e sussulto si prestasse agevolmente a ricevere l'impronta delle audaci concezioni instituzionali e sociali ch' egli stesso nutriva. Il dramma politico di Platone è un altro. E' quello del pensatore disinteressato, coscienzioso e retto, che vede le proprie idee, in entrambe le direzioni cui esse accennavano, proprio nel momento in cui parevano attuarsi, miserevolmente sciupate dal modo con cui uomini incapaci, avventati, improvvisatori, ciarlatani, e in parte sfruttatori e criminali, procedono a tradurle in pratica, e, in seguito a una tale inetta ed odiosa applicazione, non solo diventate fomite di più insanabile scissione di spiriti, ma cadute nel discredito e nell'avversione universale, precisamente quando, se l'applicazione ne fosse stata sensata ed onesta, avrebbero potuto formare il definitivo e concorde patrimonio della coscienza pubblica in esse unificata.

Ciò che Platone voleva, quale era in politica quello che si potrebbe chiamare il suo " programma minimo „ , egli lo dice chiaramente sopratutto nelle sue lettere, la cui autenticità, discussa, non è stata mai scalzata. (1) Voleva una forma

____

(1) Lo Zeller seguendo la tendenza negativa della critica tedesca del suo tempo, dà la questione come liquidata nel senso della non autenticità *(Philos. d. Griechen*, II T., I Abt. p. 483 ; IV ed., 1889). Tutte autentiche le dichiara invece un così profondo e sapiente conoscitore della vita greca come il Grote *(Plato* etc., Londra 1888,

di governo in cui, da una parte lo Stato non fosse
spalancato a tutte le improvvise e mutevoli ven-
tate della cosiddetta volontà popolare, e in cui, da
altra parte, anzichè essere esso ridotto all'arbitrio
di un uomo, si rinunciasse alla tirannide, parola
e cosa, e la si sostituisse con la " regalità „ cioè
con un governo costituzionale provvisto d'un senato e d'una suprema magistratura indipendente
(gli efori), nel quale " la legge piena d'autorità
sia fatta regina degli uomini, e non gli uomini tiranni della legge „ (*Ep. VIII*, 354), perchè " dove
la legge è sottomessa ai governanti ed è priva di
autorità, io vedo pronta la rovina dello Stato ;
dove invece la legge è signora dei governanti
e i governanti sono suoi servitori, io vedo la
salvezza dello Stato e accumularsi su di esso
tutti i beni che gli dèi sogliono largire agli Stati „
(*Leggi*, 715 d). Egli pensava che il principio di

---

vol. I p. 333 n. 1, 349 n. 3). D'alcune almeno riconosce
l'autenticità il Wilamowitz-Moellendorf (*Platon*, Berlino,
1920, cit., vol. II p. 300 e seg.) e anche il Natorp (*Platos
Ideenlehre*, Lpz. 1921, p. 488). Nell'ultima edizione, poi,
curata dal Goedeckemeyer (Monaco 1923) di **Windel-
band**, *Geschichte der Abenländischen Philosophie im Al-
tertum*, si constata (p. 120) che almeno le lettere III,
VII, VIII, e nella peggior ipotesi la VII, sono ora ritenute
generalmente autentiche ; e il Nestle nella recente sua
rielaborazione di **Zeller**, *Grundriss der Geschichte der
griech. Philosophie* (Lipsia, Reisland, 1928) ammette che
autentiche fuor di dubbio sono le lettere VI, VII, VIII
(p. 146).

autorità non si realizza già col dominio incontrollato del capriccio d'un solo, il quale può minacciare di morte chi propone cangiamenti e non ascolta se non coloro che lusingano le sue passioni (*Ep VII*, 331 A), ma col dare il potere al complesso dei cittadini maturi, che hanno famiglia e domicilio fisso, antenati illustri, patrimonio sufficiente (*Ep. VII.* 337 C-D). Egli voleva dunque che lo Stato sottostasse non ai despoti, (ἀνθρώποις δεσπόταις) ma solo alle leggi (*Ep. VII*, 334). Voleva leggi uguali per tutti, le quali cioè non favorissero maggiormente il partito vincitore del vinto (*ep. VII*, 337 A), μηδὲν μᾶλλον πρὸς ἡδονὴν αὐτοῖς ἤ τοῖς ἡττηθεῖσιν; voleva la conciliazione del primo col secondo mediante la rinuncia alle uccisioni, agli esilii, alle vendette (*id.*); voleva l' istituzione di leggi " giustissime e ottime „ , senza morti ed espulsioni civili, ὃυ τι δι' ὀλιγίστων θανάτων καὶ φυγῶν (*Ep. VII*, 351 C). E quando parlava di leggi " giustissime e ottime„, δικαιοτάτων τε καὶ ἀρίστων, egli intendeva appunto far distinzione tra le capricciose o inique prescrizioni che, pur sotto il nome di legge, emana ed impone un qualsiasi detentore del potere, cosiddette leggi mediante le quali le peggiori illegalità possono essere perpetrate, e quello che con l'espressione moderna dello Stammler andrebbe chiamato il " diritto giusto „. Il passo, significantissimo al riguardo, di *Leggi* 715 A-B, dove Platone dice che, quando " in seguito a lotte e contrasti per il potere, i vincitori si sono appropriati del governo dello Stato, mostrandosi così faziosi da non concedere una qualsiasi parte di potere ai vinti, nè ad essi nè ai loro successori, e sono vissuti tenendosi vicendevolmente sull'avviso, nel timore che qualcuno, giunto al potere, si levasse su contro di loro, memore dei mali precedentemente sofferti „; e che quando ciò avviene " noi diciamo che questi non sono governi, e che non sono vere leggi quelle che non vengono stabilite nell' interesse comune di tutta quanta la cittadinanza, e aggiungiamo che dove le leggi sono stabilite nell'interesse di alcuni, lì vi sono fazioni, non già governi civili, e che la giustizia, che dicono sia contenuta in esse, è una vana parola „ (1) — questo passo mostra con tutta evidenza che Platone pensava su tale argomento esattamente lo stesso come poi Montesquieu : " Il n' y a point de plus cruelle tyrannie que celle que l'on exerce à l'ombre des lois et avec les couleurs de la justice ; lorsqu' on va, pour ainsi dire, noyer des malheureux sur la planche même sur laquelle ils s'étaient sauvés „. (2).

Desiderava, sì, Platone, allo scopo di poter ricostruire uno Stato su basi radicalmente nuove e razionali, quello che egli chiama il " tiranno giovane „, l'uomo, libero da ogni peso di tradizione e di legge, disponente d'un potere assoluto (*Leggi*

------

(1) Trad. Cassarà.
(2) *Grandeur et Décadence des Romains*, Ch. XIV.

709 *E* -710 *A*). Ed aveva ragione: chè solo un uomo di mente libera da preconcetti e non impacciato dalla necessità di osservare vecchie norme esistenti può effettuare quell'opera. Ma il senso in cui egli usa qui la parola " tiranno „ è totalmente diverso da quello ora diventato abituale e da quello stesso in cui Platone per lo più la usa. Il " tiranno „ è qui l'uomo di animo spregiudicato e saggio, che per un certo tempo può usare d'un potere illimitato onde ricostruire lo Stato, che a tal uopo deve essere provveduto della virtù purtroppo più aliena della politica moderna, la virtù cioè antitetica alla passionalità, all'impulsività, all'avventatezza, all'impeto, al livore politico, all'intransigenza e all'intolleranza, vale a dire la discrezione, la misura, l'equilibrio mentale, la *sofrosine* (ib. 700 A), e sopratutto l'assenza d'egoismo. Giacchè l'egoismo, che per Platone è nella vita privata il peccato capitale (1), lo è anche, e maggiormente, nella vita politica. Il " tiranno giovane „, che voglia fondare la sua personale potenza, anzichè dissolvere sè stesso e la sua personalità nello Stato che crea, anzichè creare, non sè stesso, ma lo Stato, compie sempre una costruzione politica mostruosa, orrenda, supplizio quotidiano dei cittadini. (2) Costui non è certo il " tiranno giovane „

---

(1) Πάντων δὲ μεγίστων κακῶν ἀνθρώποις..... τοῦτο δ' ἐστί ὅ λέγουσιν, ὡς φίλος αὐτῷ πᾶς ἄνθρωπος φύσει τε ἐστί (*Legg.* 731, D-E).

(2) " Quand on veut être le maître des hommes pour

che Platone invoca. Tanto è vero che Platone esige che il suo " tiranno giovane „ sia fiancheggiato da un " legislatore „ maturo ed esperimentato, " un saggio consigliere, un Nestore „, come dice il Wilamowitz, (1) del quale egli sia lo stromento (*ib.* 710 E-D). Ossia, il " tiranno „ platonico deve agire con tanta assenza di egoismo e di vedute ambiziosamente interessate, con tale perfetta rinuncia ai propri fini e con tale piena spersonalizzazione, da essere pronto a sopprimere il proprio *io* sino ad attuare le idee d'un *altro da sè*.

Sostiene, anche, Platone talvolta che lo statista di perfetta sapienza dovrebbe poter governare senza leggi (*Politico* 293 *D* e s.); ma—a parte il fatto che questa tesi, se collocata storicamente, risulta chiarissimamente tesi di opposizione liberale: di opposizione perchè diretta contro il sistema del governo succeduto ai Trenta sotto cui allora Platone viveva e insegnava ; di opposizione liberale, perchè avente per iscopo di affermare, contro la pretesa incensurabilità delle sue leggi affacciata da quel governo, il diritto di discutere e disapprovare

l'amour de soi-même, n'y regardand que sa propre autorité, ses plaisirs et sa gloire, on est impie, on est tyran, on est le fléau du genre humain „. " Ce but unique et essentiel est de ne vouloir jamais l'autorité et la grandeur pour soi ; car cette recherche ambitieuse n' irait qu' à satisfaire un orgueil tyrannique „ Fénelon, *Télémaque*, Livre XVI, XVIII, nell'ediz. Didot pag. 379, 423).

(1) *Platon* cit. vol. I p. 551.

le leggi medesime (*Pol.* 299, B-C)(1) —lo statista di perfetta sapienza, come il filosofo riconosce, non esisteva che nell'epoca Saturnia, quando Crono aveva posto al governo degli Stati non uomini ma semidei (*Leggi* 713 B e s.) (2).

(1) Un filosofo che sotto un governo democratico sostiene l'assolutismo, effettivamente vuole la libertà. Tanto è vero che egli sostiene appunto una tesi che è contro la dottrina politica incarnata dal governo, tesi per sostener la quale quindi il diritto di parlare contro la politica governativa, cioè la libertà, è il presupposto. Nel fatto che egli sostenga l'assolutismo è essenzialmente implicito per un filosofo che esso si possa *sostenere* (con esposizione di ragioni e discussione) cioè la libertà di pensiero e di parola. — L'essenza della libertà sta nel poter propugnare idee contrarie a quelle dei detentori del potere politico. Anche quando queste idee contrarie sono assolutistiche, chi le propugna contro il potere esistente si fonda sul princìpio di libertà, e, contradditoriamente (perchè vuol sopprimerlo) lo usa, e attesta col suo stesso fatto la indispensabilità di esso.

(2) Forse il processo del pensiero politico di Platone si può riassumere così. I più non vedono giusto e discordano. Occorre dunque uno che ordini per tutti ed imponga. Ma bisogna che costui ordini ed imponga il vero e il giusto ; e che si *sia sicuri* che faccia così. Ciò è impossibile. La soluzione sarebbe questa, *se fosse possibile* ; ma non lo è. Non essendolo, possibile ciò essendo stato solo nell'età di Saturno, bisogna ricercare un meno male : e questo è il governo costituzionale e legale. — L' idea del potere assoluto, insomma, è per Platone, quella a cui si è talvolta sospinti, vedendo come vanno le cose politiche, ma come ad un mero ideale irrangiungibile, perchè occorrerebbe quale detentore del potere assoluto l' uomo ottimo, perfetto, o almeno superiore, che, invece, non si trova.

Lo spirito politico adunque di cui Platone intendeva che chi esercita il potere fosse animato, si raccoglie veramente tutto nel precetto che impartiva a sè medesimo colui che fu l'unico sovrano che abbia realizzato l'ideale di monarca del filosofo ateniese, congiungendo in sè il potere assoluto e la sapienza: Marco Aurelio; " ὅρα μὴ ἀποκαισαρωθῇς, bada di non cesarizzarti „ (VI, 30); Marco Aurelio, la grandezza del quale si scorge non soltanto nel suo elevatissimo atteggiamento morale, ma altresì nella grande nobiltà del suo programma politico, cioè " l'idea di uno Stato dove la legge sia una per tutti e uguali i diritti di ciascheduno, e uguale la libertà di parola, e di una potestà regia che, più di tutte le cose, tenga conto della libertà dei governati „ (I, 14).

L'aspirazione alla tirannide è per Platone indizio d'animo meschino, σμικρὰ δὲ καὶ ἀνελεύθερα ψυχῶν ἤθη (*Ep.* VII, 334 D). Anche quando egli non fa soltanto della teoria, ma si industria di regolare una situazione concreta, cioè nei consigli che dà agli amici di Dione circa il modo d'ordinare il governo di Siracusa, egli propone la trasformazione della tirannide in monarchia temperata e costituzionale (*Ep.* VIII, 354, e s.) e delinea con tutti i particolari un vero progetto pratico di governo legale, a fondamento del quale sta il principio che il potere esecutivo sia sottoposto alle leggi come gli altri cittadini, δεσποζόντων νόμων τῶν τε ἄλλων πολιτῶν καὶ τῶν βασιλέων αὐτῶν

(355 E). E l'ultima definitiva parola di Platone su questo argomento è quella di *Leggi*. 693 B e 713 C: " Non bisogna stabilire grandi poteri e neanche poteri che non siano temperati, riflettendo a questo, che cioè lo Stato dev'essere libero, assennato e concorde „. " Nessun uomo è capace di governare con potere assoluto tutte le cose umane senza abbandonarsi all'insolenza e all'ingiustizia „.

Perciò tutti i maggiori studiosi di Platone convengono che il governo da lui vagheggiato era quello che con espressione moderna si chiamerebbe monarchia costituzionale. Così il Wilamowitz : " La miglior forma di Stato è quindi per lui la monarchia vincolata da una costituzione „ (1) Così il Jowett : " Platone sembra dunque giungere, quasi per caso, al concetto d'una monarchia governante mediante leggi „ (2). Così il Gomperz, il quale rileva che il principale dei difetti che, secondo Platone, minano lo Stato, " è l'esclusivo dominio d'un solo principio di governo, l'unilaterale esagerazione sia dell'autorità, sia della libertà „, e che quindi per Platone " solo nella mescolanza delle forme di costituzione va cercata la salvezza politica „; fine che si raggiunge " mediante una costituzione mista nel senso in cui Sparta nell'anti-

----

(1) *Platon*, cit., vol. I, p. 583.
(2) *The Dialogues of Plato*, New York, 1907, vol. III pag. 536.

chità e la Gran Bretagna nell'epoca moderna hanno offerto di essa il modello „ (1). Così infine il Grote, secondo il quale la massima " depravazione della società „ è per Platone quel governo " in cui qualche individuo violento viola e calpesta le leggi e i costumi stabiliti, sotto lo stimolo della sua esorbitante ambizione e dei suoi sfrenati desiderî „ (2), sicchè, nell'ultima e più matura sua posizione di pensiero, " Platone cessa di far conto sulla suprema eccellenza personale ; la abbandona come oltre i limiti della possibilità umana : e dichiara che il potere, senza adeguate restrizioni, è un privilegio che non può essere accordato ad alcuno „ (3).

Questa interpretazione del pensiero politico di Platone è pienamente conforme a quella che già l'antichità ne aveva dato, come si vede da Cicerone, che, quando applica e svolge nel *De Republica* appunto la concezione platonica, sostiene l'eccellenza del governo misto (L. I c. 29,35) e

---

(1) *Griechische Denker*, IV ed., Berlino, De Gruyter, 1925, vol. II p. 491, 503.

(2) *Plato, and others Companions of Sokrates* (Londra, Murray, 1888, vol. III p. 279.

(3) *Id.* vol. IV, p. 319. — E così anche uno degli ultimi espositori di Platone il **Friedländer**, *Platon : Eidos, Paideia, Dialogos* (Berlino-Lipsia, 1928, p. 123) : " Diese Ratschläge [quelli dell' Epistola VIII] zielen auf ein politisches System, das den Mittelweg zwischen Knechtschaft und zügelloser Freiheit nimmt, auf eine durch Gesetze beschränkte Monarchie „.

condanna la tirannide e il dominio d'una fazione negando che si possa denominare Stato quella situazione di vita pubblica in cui "crudelitate unius oppressi essent universi, neque esset unum vinculum iuris, nec consensus ac societas coetus, quod est populus „ (L. III, 23), affermando che dove v'è " il tiranno „, non già v'è Stato vizioso, ma non v'è Stato affatto (*ib.*), e dichiarando che non si può chiamare organizzazione statale " ne illam quidem, quae tota sit in factionis potestate„ (L. III, c. 24). Mentre nel medesimo tempo egli prospetta la necessità d'un " rector rerumpublicarum „, d'un " moderator reipublicae „ d'un " princeps civitatis „ (L. V c. 3,4,6). Come quello di Platone, adunque, quello di Cicerone (secondo osserva giustamente il Ciaceri) " era un programma politico informato a spirito essenzialmente conservatore e nello stesso tempo a principî, diremmo noi, liberali „, ed egli voleva " l'intervento d'una forza personale che agendo al di sopra dei partiti stessi, nell'interesse di tutti impedisse che venissero sconvolte le vecchie e gloriose istituzioni della Repubblica „, d' un " primo cittadino che sappia trarre a salvamento la costituzione stessa dandole vigore novello e piena autorità „ (1); os-

---

(1) Ciaceri, *Cicerone e i suoi tempi* (Milano, Albrighi e Segati, 1926, vol. I p. 179, 303). Dove il Ciaceri ha torto è nel dire che queste idee di Cicerone fossero " il preannuncio del nuovo tipo di governo destinato a trionfare „, cioè quello iniziato da Augusto. Esattamente il

sia, in altre parole, precisamente come Platone, voleva una monarchia posta a guardia della costituzione contro gli assalti e gli intacchi, che dallo stesso seno del popolo, da uno ad un altro partito che pretenda ad ogni costo e con la violenza conquistare il predominio, possono partire contro di essa (1). Quello cioè che tanto Platone quanto Cicerone volevano, era un governo *misto* e perciò *temperato*, quel governo che è sempre la suprema aspirazione dei popoli e che pure quasi mai riesce

contrario è vero. Cicerone abborrì e condannò il nuovo governo già in Cesare, come un regime che non già mirava a salvaguardare la costituzione e le istituzioni, ma a sconvolgerle e distruggerle. E che egli fin dagli inizi avesse indovinato giustamente che tale doveva essere l'indole del nuovo regime, lo dimostra con tutta evidenza la direzione e lo sviluppo preso immediatamente da questo già in mano di quell'ignobile e repellente uomo di Stato che fu Augusto, e dei suoi prossimi successori. È veramente singolare che un libro che rende giustizia a Cicerone possa designare come incarnatore dell'ideale di governo di lui precisamente chi, da giovinastro arrivista e senza scupoli, infamemente lo tradì, dopo essere stato da lui politicamente messo al mondo.

(1) L'idea del governo misto, ossia della monarchia costituzionale (cioè non assoluta, ma limitata da uno Statuto e fiancheggiata da un Parlamento) che gli ignoranti asseriscono essere di fonte straniera (inglese), importata dal di fuori in Italia dove non aveva radici, è invece di fonte prettamente italiana. Essa " era verisimilmente d'origine italica, risalendo alla dottrina pitagorica „ ; e venne poi formulata con tutta precisione appunto da Cicerone (*Ciaceri, Op. cit.*, vol. II, p. 388-9, 397-8).

a formarsi o a durare. E la ragione, con insuperabile acutezza, la dice Montesquien : " Après tout ce que nous venone de dire, il sembleroit que la nature humaine se soulèveroit sans cesse contre le gouvernement despotique. Mais, malgré l'amour des hommes pour la liberté, malgré leur haine contre la violence, la plupart des peuples y sont soumis. Cela est aisé à comprendre. Pour former un governement modéré, il faut combiner les puissances, les régler, les tempérer, les faire agir ; donner, pour ainsi dire, un lest à l'une, pour la mettre en état de résister à un autre ; *c'est un chef-d'-oeuvre de législation que le hasard fait rarement, et que rarement on laisse faire à la prudence.* Un gouvernement dispotique, au contraire, saute, pour ainsi dire, aux yeux ; il est uniforme partout : comme il ne faut que des passions pour l'établir, tout le monde est bon pour cela ,, (1). E' un'osservazione di spirito genuinamente platonico.

Sapeva in generale, insomma, Platone che gli uomini sono cattivi e vili e che quindi il reggitore dello Stato non deve contare che essi siano buoni ed eroi. Ma pensava altresì che è più vile ancora e che opera contro i supremi destini spirituali umani un governo il quale fonda il suo potere appunto sopra la viltà degli uomini e si compiace di accrescerlo con l'invilirli sempre di più, mentre còmpito d'un governo retto è quello,

---

(1) *De l'Esprit des Lois*, L. v, Chap. XV.

pur tenendo presente le imperfezioni umane, di elevare le coscienze dei suoi cittadini sulla scala della spiritualità almeno d'un gradino più in su di quello sul quale li ha trovati. Questa appunto, infatti — cioè la tesi che missione suprema dello Stato è di operare con l'educazione l'elevamento morale dei cittadini e di sollevare così anche il corpo sociale verso l'Idea, verso un tipo ideale di eticità—è la concezione centrale della *Repubblica*.

Tale il pensiero politico pratico, il " programma minimo „ , di Platone. La sua tragedia è d'averlo visto due volte, per inettitudine e leggerezza, rovinato, proprio nel momento e da coloro nel quale e dai quali aveva ragione di aspettarne il successo.

La prima volta coi Trenta Tiranni.

La parolaia e volubile democrazia ateniese, quella democrazia in cui Cleone contava al pari e forse più di Pericle, e in cui le chiacchiere bastavano a far diventar statista e stratega, era naufragata con la flotta attica nelle acque di Siracusa, in quel disastro che aveva posto fine alla guerra peloponnesiaca. Trenta uomini, come pareva, seri, avevano preso in mano la cosa pubblica e si erano assunti l'impresa necessarissima di fondare nella nave dello Stato, che l'acqua mossa democratica aveva sin qui ballottato in continua tempesta, un saldo pilone di autorità che permettesse un governo duraturo e confidato ai capaci. Tra essi c'erano amici e parenti di Platone, e questi fu sollecitato ad assumere cariche pubbliche. " Io credevo (egli narra) che essi avrebbero fatto passare lo Stato da un ingiusto andamento di cose a un insieme di pratiche giuste, e quindi giorno per giorno osservavo attentamente quel che facevano. Ma dovetti constatare che essi immediatamente cominciarono a comportarsi in modo da far in confronto giudicar aurea la situazione precedente „ (*Ep. VII*, 324). La libertà personale manomessa (questa, cioè l'ordine dato a Socrate, che non obbedì, di arrestare un cittadino, è proprio l'accusa principale che loro muove Platone), la manifestazione dei pensieri impedita (1), l'espulsione di tutti coloro che non erano aderenti del nuovo ordine, la vita insidiata di continuo cosicchè tutti gli

---

(1) " The tyranny of the Thirty, who among their other oppressions made war upon all free speech, and silenced even the voice of Sokrates „ (*Grote, Plato* etc., cit., vol. I p. 251). È questo l'indice peculiare della tirannide a giudizio anche di scrittori di assai precedenti la Rivoluzione francese e i suoi ora disprezzati " immortali principî „ e diritti dell'uomo (ogni conculcazione dei quali, però, torna sempre a renderne tangibile la necessità). Così, Montesquieu: " Les paroles ne forment point un corps de délit... Comment donc en faire un crime ?... Partout où cette loi est établie non seulement la liberté n'est plus, mais son ombre même „. (*De l'Esprit des Lois*, L. XII, Chap. XII).

Stati vicini erano pieni di esuli ateniesi (1), i sistemi
di bassa polizia diventati pratica quotidiana di governo; la spudorata loro asserzione, attestata poi da
Lisia, che purificavano la nazione ed elevavano la spiritualità del popolo, asserzione all'ombra della quale
invece commettevano ogni sorta di scelleratezze
e saccheggiavano il patrimonio dello Stato (2); la
possibilità che consentiva loro il potere assoluto,
assicurando ad essi il mezzo d'esser soli a parlare
e di soffocare ogni espressione di verità da parte
degli altri, d'asserir di compiere la più nobile delle
opere, mentre commettevano ogni infamia, come
pure attesta Lisia (3); — tali risultarono le carat-
teristiche del regime dei Trenta, da cui Platone

---

(1) " Several of the best men in Athens successively
perished, while Trasybulus, Anytus, and many others,
fearing a similar fate, fled out of Attica, leaving their
property to be confiscated and appropriated by the oligarchs...
Such multiplied cases of excution and spoliation naturally
filled the city with surprise, indignation, and terror. Groups
of malcontents got together, and voluntary exils became
more and more numerons „ (**Grote**, *History of Greece*,
ed. Dent, vol. VIII p. 216, 218).

(2) Φάσκοντες χρῆναι τῶν ἀδικῶν καθαρὰν ποιῆσαι
τὴν πόλιν καὶ τοὺς λοιποὺς πολίτας ἐπ' ἀρετὴν καὶ
δικαιοσύνην τράπεσθαι (**Lisia**, *Contro Eratostene*, § 5).
In contrasto, **Sallustio**, *Iug.*, III : " Nam vi quidem re-
gere patriam aut parentes, quamquam et possis et delicta
corrigas, tamen importunum est „.

(3) Ὥστ' ἐπὶ τούτοις ἐστί, πάντα τὰ κακὰ εἰργασα-
μένοις τὴν πόλιν, πάντα τἀγαθά περὶ αὐτῶν λέγειν
(**Lisia**, *Contro Eratostene*, § 33).

e tutti da principio avevano sperato la restaurazione della libertà sposata alla giustizia.

Quando la misura fu colma, quando l' odio, accumulato dovunque sotto l'apparenza e la menzogna coatta della venerazione, fu pronto a scoppiare, Trasibulo, con un manipolo di settanta uomini, occupò le montagne. Subito gli oppressi accorsero in massa a lui, e in brevi giorni i Trenta soggiacquero. Sparta, che teneva ancora la sua guarnigione nell'Acropoli, si comportò, per volere di re Pausania, e contro le vedute di Lisandro, con rara lealtà, e si astenne dall'intervenire. Il governo democratico fu di nuovo instaurato.

Risorse allora nell'animo di Platone, per quanto più rimessa, la speranza. Se gli uomini i quali avrebbero dovuto assennatamente fondare il governo d'autorità, che era quello del suo cuore, avevano fallito, fuorviati dall'incapacità di frenare il loro istinto di prepotenza e violenza, egli sperava ora che gli uomini della democrazia, ammaestrati dall'esperienza, avrebbero gettate le basi di un governo popolare, sì, ma temperato e saggio. Ed ecco che essi cominciano invece per mettere a morte Socrate: proprio colui che, sotto il governo precedente si era comportato con tanta dirittura e indipendenza da rifiutarsi d'arrestar uno dei loro amici (*Ep. VII*, 325). Nessuna meraviglia che Platone fosse preso da un vero senso di disperazione per la cosa pubblica, e, constatando che ormai lo Stato non si poteva più governare

secondo i costumi e gli istituti patrii, esclamasse
che leggi e costumi erano irrimediabilmente cor-
rotti, e, desideroso come era stato un tempo di
prender parte agli affari pubblici, vedendo che
tutto, in ogni direzione, andava a precipizio, con-
cludesse che ogni governo era cattivo e che lo
sarebbe sempre stato se gli uomini di retto sentire
e di retto pensiero (i filosofi) non salivano al potere, o coloro che erano al potere non diventassero
di retto sentire e pensiero (*ib*); poichè questo e non
altro è il significato che ha per Platone il concetto di
filosofia al governo: " che il divino amore di vivere
una vita regolata dalla moderazione e dalla giustizia sia insito nell'animo dei dominatori „ (*Leggi*
711, *D).*

Questa speranza, la speranza che tale fatto, in
quel momento politico così aperto ad ogni sorta
di mutamenti, si potesse in qualche luogo avve-
rare, era l'ultima che, non ostante i disinganni su-
biti, Platone tuttora conservava. Ed ecco che im-
provvisamente gli si apre dinanzi lo spiraglio di
una possibilità che questa speranza si avveri: in
Sicilia. Là si rivolge tosto lo sguardo e l'attività
di Platone. E là egli incontra l'estrema e più
tragica delusione.

Alla corte di Dionigi I primeggiava Dione, suo
parente. Dione aveva subìto l'ascendente non solo

intellettuale, ma anche morale di Platone, e, sotto l'impero di esso, nel lussurioso ambiente siracusano, conduceva una vita quasi ascetica. Le sue idee politiche erano quelle di Platone. Per lui la democrazia non era che corruzione, ma il suo ideale non era nemmeno quello del dispotismo di Dionigi, duro e arbitrario, a base di persecuzioni poliziesche e di spionaggio ("l'orecchio di Dionigi„); (1) ed egli invece ne vagheggiava la trasformazione in un governo liberale moderato e costituzionale (2). Non durò fatica a persuadere Dionigi I, il quale ci teneva molto ad essere apprezzato dal mondo greco anche come uomo di cultura, ad invitare alla sua corte il pensatore di fama universale ; e nutriva in ciò la speranza che Platone avrebbe potuto esercitare su Dionigi la medesima influenza che aveva esercitato su di lui, Dione, e determinarlo ad instaurare una forma di governo più

---

(1) " Jede Erhebung des Stadtvolks wurde durch eine *wohleingerichtete. spionierende Geheimpolizei* verhütet „ (J. Burckhardt, *Griechische Kulturgeschichte*, ed. cit., vol. I, p. 192).

(2) " It was his wish first to cleanse Syracuse from the blot of slavery, and to clothe her anew in the brightness and dignity of freedom ; yet not with the view of restoring the popular governement as it had stood prior to the usurpation, but of establishing an improved constitutional polity, originated by himself, with laws which should not only secure individual rights, but also elucate and moralise the citizen „ (Grote, *History of Greece*, ed. cit., vol. XI, p. 52).

rispettoso delle fondamentali esigenze della personalità umana. Platone vi andò.

Dione era anche in contatto coi circoli pitagorici dell'Italia meridionale, dove il pitagorismo era allora altresì una potenza politica di impronta decisamente aristocratica. Aristocraticismo (pitagorico) e tirannide non erano la stessa cosa ; tutt' altro. Forse quindi Dionigi sospettò che da quel contatto potesse nascere qualche trama a suo danno, e che Platone, egli pure simpatizzante col pitagorismo filosofico e politico, e stretto a Dione, vi tenesse mano.

Come però si siano in particolare svolti i rapporti tra i due, non si sa. In ogni modo, mancavano le basi per un intimo affiatamento. In Dionigi, ormai maturo, era inguaribilmente radicato il cinismo che finisce in generale per dominar l'animo del personaggio strapotente, abituato a maneggiare gli uomini come materia vile, e a vederli, così trattati, docile strumento ai suoi fini, e che gli fa considerare con scherno il pensiero di poter fondare il governo su motivi etici e dirigerlo verso mete veramente e sinceramente morali. (1) E', da altra parte, al socratico Platone nulla poteva essere così ripugnante come lo sfrenato imperialismo (2),

----

(1) "Et Denys est le présent; un présent que tous les jours s'etend et se fortifie „ (Diès, *Intr.* all'ediz. - trad. della *Repub.*, ed. *Belles Lettres*, 1932, p. CII).

(2) " Dem Sokratiker von Haus aus missfälligen imperialistichen Politik „ Gomperz, l. c. p. 209).

la vita di fasto e di lussuria, il " paese di cuccagna „ della corte siracusana. Presto Dionigi volle
allontanare il filosofo, la cui sola muta presenza e
il cui sguardo erano per lui giudizio e condanna,
e, temendo anche l' influsso da quello esercitato su
Dione, che il tiranno sperava fosse 'il più forte so-
stegno della sua dinastia, raccomandò all' amba-
sciatore spartano Pollis, con cui Platone doveva
fare il viaggio di ritorno, che lo liberasse per
sempre dell' incomodo pensatore. Spesso quando
consimili raccomandazioni vengono da uomini
ultrapotenti, colui a cui sono dirette le interpre-
tano estensivamente ritenendo con ciò di indovi-
nare la vera intenzione di chi le impartisce. (1)
Pollis opinò di effettuare ciò che Dionigi nel
suo cuore desiderava consegnando Platone ai
poliziotti di Egina, la quale, essendo in guerra
con Atene, uccideva o vendeva schiavi tutti gli
ateniesi di cui poteva impadronirsi. Platone fu
venduto schiavo. Per sua fortuna tra gli scolari
di Socrate, sebbene non della scuola platonica,
c'era un uomo ricco e cordiale : il cirenaico An-
nikeris. Egli riscattò Platone e lo mise in libertà,

------

(1) " Als Platon zugleich mit den spartanischen Ge-
sandten Syrakus verliess, richtete der Fürst an diesen
insgeheim die Bitte, ihn von jeder Sorge, die Platon zum
Gegenstand hätte, für immer zu befreien. Pollis glaubte
sich wohl des Auftrags in der mindest anstösigen Weise
zu entledigen, indem er seinen Reisegefährten auf Agina
aus Land setze „ (Gomperz, l. c., p. 212).

Alcuni anni dopo Dionigi I morì. Suo figlio, Dionigi II era giovane, intelligente *(Ep. VII, 338)*, e, non rotto ancora, come il padre, al cinico maneggio degli affari, era forse suscettibile di comprendere l'alta nobiltà dell'impresa di instaurare un governo su basi schiettamente etiche, di giustizia e di onestà amministrativa. Dione, il quale aveva ragione di credere che egli condividesse le sue opinioni politiche, insistette perchè invitasse Platone a ritornare. Questi, indotto dalle informazioni di Dione circa le buone disposizioni di Dionigi *(Ep. VII, 327)*, si abbandonò ancora una volta alla speranza, accondiscese e rimise piede nella corte di Siracusa.

E veramente doveva sembrare a Platone che la realizzazione del suo ideale politico fosse ora, come non mai, a portata di mano. Dionigi I aveva con energia rude schiantato radicalmente e senza residui la situazione democratica precedente, coi suoi intrighi, complicazioni, debolezze e corruzioni, facendo tabula rasa di tutti i grovigli, le discussioni, le risse in essa dominanti, e ciò anche con lo sbandire o uccidere alcuni dei maggiori esponenti di essa. Non era più presente una tradizione democratica cui fosse necessario piegarsi e riattaccarsi. Si poteva costruire su basi assolutamente nuove. D'altra parte, c'era un sovrano giovane, appassionato per le cose dello spirito *(Ep. VII, 327 e s., 338-9)*, politicamente ben disposto. Forse egli poteva essere il " tiranno giovane ,, misurato ed equilibrato, consigliato dal maturo legislatore, che Platone, come eco delle sue speranze d'allora, presenta in *Leggi* 709 *E* e s. Era facile erigere una costruzione d'una freschezza spirituale e politica interamente nuova; lontana così dalla democrazia flaccida ed imbelle, che Platone abborriva e contro cui aveva lanciato critiche formidabili e immortali, come dalla tirannide, la cui essenza per Platone stava nell' " uccidere, scacciare dal paese, togliere i beni e i diritti „ *(Gorgia* 468, C-D), e che egli del pari respingeva, perchè sapeva come nel paese ad essa sottoposto " l'abito a servire distrugge ogni elevamento morale, ogni dirittura e semplicità di carattere, ogni senso di libertà „ *(Teet.* 173, A), e conosceva bene inoltre quale guasto la tirannide implichi e produca nell' animo di tiranno *(Gorgia,* 166 e s, 525 *D, Teet.* 174 *D. Rep.* 575 e s., *Ep.* VII, 331), quel guasto cioè che Tacito scorgeva in Tiberio (1) e che, citando e riassumendo appunto Platone, descrive così *(Ann.* VI, 6) : " neque frustra praestantissimus sapientae firmare solitus est, si recludantur tyrannorum mentes, posse aspici laniatus et

---

(1) S'intende in Tiberio della seconda fase. Durante la prima, come è noto, perdurò nel suo governo ancora un soffio dello spirito di vera romanità, attestato, oltre che da Tacito, da Svetonio: « Et adversus convicia malosque romores et famosa de se ac suis carmina firmus ac patiens, subinde iactabat, in civitate libera linguam mentemque liberas esse debere » *(Tib.,* 28).

ictus, quando ut corpora verberibus, ita saevitia, libidine, malis consultis animus dilaceretur „ (1). Lontana così dalla democrazia come dalle tirannide, poteva ora effettuarsi in Dionigi II quella congiunzione del potere con la sapienza, la giu-

---

(1) Anche in ciò Cicerone concorda con Platone il cui il pensiero in proposito egli trova verificato in Cesare. " Potest enim (così allude a lui in *De Off.* III 83) cuiquam esse utile, foedissimum et taeterritum parricidium patriae, quamvis is, qui se eo obstrinxerit, ab oppressis civibus parens nominaretur ? „ Parlando della guerra civile, " miserius nihil (dice in *Ad Div.* IV, 9), quam ipsa victoria : quae etiamsi ad meliores venit, tamen eos ipsos ferociores impotentioresque reddit ; ut, etiamsi natura tales non sint, necessitate esse cogantur „. Precisamente un trionfo come quello di Cesare, un volere quel ch'egli ha voluto, costituisce un tormento : " egn hoc ipsum *velle* miserius esse duco quam in crucem tolli ; una res est ea miserior, adipisci quod ita volueris „ *(Ad Att.* VII, 11). È proprio il conseguimento di queste mire ingiuste che rende l'animo perverso e infelice : " quis enim potest ant deserta per se patria aut oppressa beatos esse ?... certe uterque istorum est miserrimus, quarum utrique semper patriae salus et dignitas posterior sua dominatione et domesticis commodis fuit „ *(Ad Att.* X, 4), — E tale pensiero di Platone, Cicerone, Tacito è dal Boissier così confermato e lumeggiato : " C'est l'Empire qui les a perdu ; ils ont été les premiéres victimes de ce pouvoir absolu sous lequel ils accablaient les autres; cette autorité souveraine, sans limites fixes, qui à la fois leur permettait tout et leur faisait tout craindre, est véritablement ce qui a secoué tout leur être et chassé les bons instincts de leur nature „, *(Tacite,* Hachette, V ed., p. 189).

stizia, la bontà, che era l'ideale di Platone: una costruzione di impronta, spirito, nobiltà " regale „.

Gli avversari di Platone gli fecero colpa perchè egli, giunto a Siracusa, invece di approfittare subito delle buone disposizioni e della fresca impressione che la sua presenza esercitava su Dionigi II per determinare costui a ricostituire lo Stato legale, abbia perduto il tempo ad insegnargli filosofia e matematica. (*Ep. VII* 332, 333). Ma bisogna comprendere che per insegnamento della filosofia, Platone intendeva in prima linea far acquistare la capacità di diventare " padrone di sè „ : ossia, nel caso di Dionigi, indurre nel suo animo la ferma e generale risoluzione di abbandonare un sistema di governo passionale ed impulsivo, dai provvedimenti per buona parte ispirati all'odio, alla vendetta, al gusto di veder schiacciato l'avversario, e di abbracciare invece definitivamente la politica di superiore equanimità e imparzialità propria del vero e grande uomo di Stato ; determinare in lui la " pratica predominanza d'un intelletto bene educato e di propositi etici bene scelti, combinata con un minimo di desiderio personale„ (1). Bisogna comprendere che per insegnamento della matematica egli intendeva in linea principale innalzare lo spirito a un concetto di ordine universale in cui "domini la comunanza, l'amicizia, la giustizia, l'*uguaglianza*

---

(1) Grote, 1. c., p. 65.

geometrica e non il voler avere di più „ (1). E' naturale che, come tutti quelli che portano in politica preoccupazioni morali, Platone pensasse che ad ogni riforma quel che doveva precedere, e proprio perchè le riforme stesse fossero fruttuose e durature, era l'adozione di questa visuale d'equità e di questo proposito di pacificazione e di giustizia da parte di chi stava al potere.

Da principio le cose si misero bene. Accadde persino che in una cerimonia ufficiale, in cui l'araldo aveva innalzato il consueto voto per il perdurare della tirannide, Dionigi respingesse il voto come una maledizione (2). Sfortunatamente, c'era alla corte siracusana un'ala di faziosi, estremisti e intransigenti, pei quali i vantaggi di partito pesavano di più che gli interessi del paese, pei quali conciliazione equivaleva a dedizione, ogni alleggerimento della pressione violenta esercitata da Dionigi I era un tradimento verso la setta, ogni scarto

---

(1) L'*uguaglianza geometrica* non è altro per Platone che il senso di giustizia, di moralità, di discrezione, di riserbo. Lo provano luminosamente le parole che Socrate oppone a Gorgia: ἡ ἰσότης ἡ γεωμετρικὴ καὶ ἐν θεοῖς καὶ ἐν ἀνθρώποις μεγα δύναται. σὺ δὲ πλεονεξίαν οἴει δεῖν ἀσκεῖν. γεωμετρίας γὰρ ἀμελεῖς. *Gorgia* 508 A, Cfr. **Wilamowitz**, Platon, cit., I, p. 225). Lo scoliaste, infatti, alla parola γεωμετρία di questo luogo del Gorgia annota: τουτ' ἔστιν ἡ δικαιουσύνη.

(2) " Dionysius announced freely, in the presence of Plato, his wish and intention to transform his dispotism at Syracuse into a limited kingship „ (**Grote**, l. c. p. 66)

dal principio che il potere dovesse spettare integralmente a questa, un delitto e un principio di rovina. Alla testa di costoro stava Filisto. Egli era stato colui che più potentemente aveva aiutato Dionigi I ad occupare il potere e a consolidarvisi. Solito esempio di gratitudine dei potenti : sicuro del fatto suo, Dionigi I non volle più soffrire al suo fianco uno a cui doveva l' impero e che quindi poteva forse immaginarsi di stargli sopra come suo salvatore e protettore ; e lo relegò, ossia lo fece capo d'una colonia da fondarsi ad Adria. Richiamato da Dionigi II, Filisto, non ostante il colpo ricevuto, era rimasto fermo nelle sue convinzioni di assolutismo intransigente, e cercava ora a tutt'uomo di controbilanciare l'azione di Platone e di Dione. Come sempre, a ciò doveva giovare l'espediente di suscitare in Dionigi II il sospetto che Dione nella sua opera per l' instaurazione d'un sistema legale di Stato, non avesse che l'occulta mira di sbalzarlo dal potere. A tal fine servì una lettera, intercettata, di Dione ai cartaginesi in cui li invitava a servirsi della sua mediazione per la conclusione della pace. Dione fu bandito. Platone volle immediatamente seguirlo; il tiranno, dopo averlo trattenuto per qualche tempo quasi a forza, anche per ammirazione della sua condotta e dignità e per il desiderio di staccarlo da Dione e conquistarlo a sè (*Ep.* VII, 320), lo lasciò a malincuore partire. E Platone ritornò ad Atene con l'amarezza dell' insuccesso e con lo sconforto profondo di vedere da Dionigi sprecata così la sua immensa potenza, la quale gli avrebbe pur permesso di compiere veramente la restaurazione etica e giuridica del paese, di realizzare un regno di superiore giustizia nell'unione spontanea e sincera delle coscienze e di dare ai greci ed ai barbari l'esempio splendido e luminoso della congiunzioee del potere con la virtù e la saggezza (*Ep. VII* 335).

Non conveniva a Dionigi II che le cose rimanessero in tale condizione. Il principe da lui bandito, la cui fronte era circonfusa dall'aureola della moderazione e della sapienza politica e ora anche da quella del martirio, il filosofo celebre che si era dipartito sdegnato da lui, erano la mira degli sguardi e dell'ammirazione di tutto il mondo greco. Sparta aveva persino concessa la cittadinanza al proscritto di Dionigi. Come il padre, questi ambiva d'essere considerato uomo distinto, persona colta, principe illuminato. Scrisse dunque a Platone invitandolo a ritornare e promettendogli che, se fosse tornato, avrebbe amnistiato Dione, il quale intanto doveva ritenersi non in esilio, ma in viaggio. Anche in seguito alle insistenze di Dione, Platone una nuova volta si sobbarcò al tragitto e ad un ulteriore tentativo di conciliare Dione con Dionigi e di determinare costui all' instaurazione d'un governo legale. Ma le cose peggiorarono con rapidità. Involontariamente e inevitabilmente, Dione era diventato colui a cui l'opposizione siracusana guardava. Dionigi, invece di richiamarlo, aggravò le misure prese contro di lui. Tra il filosofo e il sovrano ebbero luogo violenti dibattiti, spiegazioni, tentativi vani d'accordo. Platone domandò nuovamente congedo. Ma per un anno, Dionigi, che non voleva si sapesse all'estero ciò che accadeva in Siracusa (*Ep. VII*. 345), lo trattenne quasi prigioniero e poco dignitosamente trattato, e solo per l'energico intervento di Archita, capo dello Stato tarentino, che allora si trovava a Siracusa, potè Platone aver libera la via del ritorno.

Non rimaneva a Platone che accompagnare coi suoi voti Dione, quando questi, veduta l' inutilità dei tentativi di ricondurre il governo di Dionigi sulla via della legalità, con un pugno di prodi mosse verso Siracusa, e, sbattuto da una provvidenziale tempesta su di un punto della costa dell'isola donde il tiranno non lo aspettava, potè sconfiggerlo e scacciarlo (1). Senonchè, neppure ora era destinato Platone a vedere, per mezzo dell'amico e discepolo, realizzati i comuni piani politici. Il popolo siracusano non era ancora preparato. Esso non capiva più, in questo momento,

---

(1) " Diony's Reich ist zerschellt an der Macht, auf die der Herrscher vor allen anderen mit Geringschätzung herabblickte, an der Macht der Idee „ (**E. Meyer**, *Gesch. d. Altertums*, cit., vol. V, p. 179).

che o la sfrenata democrazia o la sfrenata tirannide. Dione, che voleva governare con illuminata e imparziale giustizia, in modo che non ci fossero nè vincitori nè vinti, senza opprimere nè a destra nè a sinistra, scontentò gli uni e gli altri. Dopo una serie di difficoltà e di urti, Platone doveva avere lo strazio di vederlo cadere precisamente sotto il pugnale di uno che proveniva dall'Accademia platonica, Callippo. E quando, in seguito ad alcuni anni di convulsioni e ad una ripresa del potere da parte di Dionigi, l'inviato dalla materna Corinto, Timoleone, potè nel 344 a. C. espellere definitivamente il tiranno (il quale dovè ridursi a vivere oscuramente a Corinto guadagnandosi il pane col fare il maestro di scuola) e ripristinare in Siracusa i fondamenti del vivere civile e legale conculcati per quasi mezzo secolo, l'ottantenne filosofo aveva da tre anni chiuso per sempre gli occhi e non ebbe la felicità di assistere a questa troppo tardiva realizzazione del suo programma politico.

I sistemi filosofici escono quasi sempre prevalentemente martellati dalla situazione politica e sociale in cui il filosofo vive. Ciò è sopratutto vero per Platone. Egli (scrive il Wilamowitz) " voleva agire pel mondo e sul mondo, agire politicamente„, e quindi " non intende assolutamente Platone chi lo vuol considerare come un filosofo teoretico al pari di Anassagora o Spinoza o Kant; costui non riuscirà ad apprezzare adeguatamente, in sè e come documenti del carattere di Platone, nè il *Protagora*, nè le *Leggi* „ (1) E per ciò appunto che i sistemi filosofici si formano e concrescono sugli eventi pubblici che stanno dinanzi al pensatore, i governi i quali impediscono al filosofo di vedere le circostanze politiche coi suoi occhi e di dire le cose come le vede, impediscono con ciò la libertà della filosofia e il suo sviluppo. Anche questo è un pensiero di Platone, che non poteva non sorgergli, precisamente per la chiara e profonda intuizione ch'egli aveva dell'unità inscindibile tra meditazione filosofica e meditazione politica ; e che egli esprime più energicamente che mai nel *Politico* (299 E). Se l'attività intellettuale (dice quivi) in tutte le sue direzioni (πᾶσαι αἱ τέχναι) non è assolutamente libera di svolgersi secondo la sua ispirazione, senza nessun impedimento per opera di imposizioni e prescrizioni governative anche quando essa investiga e critica tali prescrizioni (διὰ τὸν ἀποκωλύοντα τοῦτον ζητεῖν νόμον), essa attività intellettuale perisce totalmente (παντελῶς ἂν ἀπόλοινθ' ἡμῖν) e per sempre (οὐδὲ εἰς αὖθις γένοιντ 'ἂν ποτε), subentra la stasi e la morte intellettuale, e la vita, che ha già altre spiacevolezze (χαλεπός),

---

(1) Platon, cit., vol. I. p. 711

diventa da quel momento del tutto *invivibile*, ἀβίωτος. (1)

Si legge che il sistema platonico sorge dall'incontro del motivo eracliteo con quello parmenideo: il flusso e il divenire di Eraclito, come ciò solo che esiste, vi è riconosciuto per il mondo fenomenico, ma l'essere eterno, permanente, perennemente uguale a sè, che non nasce e non trapassa, vi è affermato pel mondo delle idee. E' giusto. Però resta a vedere se alla formazione del sistema di Platone non abbiano in maggior misura contribuito le sue delusive esperienze sociali, il suo dramma politico. " Ma i mali, Teodoro, nè è possibile che periscano, giacchè è necessario che qualcosa di contrario al bene esista sempre; nè che abbiano sede tra gli Dii ; ma intorno alla natura mortale e a questo luogo nostro è necessità che s'aggirino. E anche questa è una ragione per cui bisogna provarci a fuggire di qua colassù al più presto „. (*Teeteto*, 176 A). E' questa un'espressione profondamente pessimista, genuinamente scho-

---

(1) Si cfr. l'osservazione che fa Epitetto contro il tiranno che vuol impedire ai cittadini di esprimere il loro pensiero, Τί οὖν θέλεις ; ἵνα σὺ μὲν ποιῆς ὅ θέλεις, ἐκεῖνοι δὲ μηδ' εἴπωσιν ἃ θέλουσιν ;.... οἶδεν ὅτι, ἂν πάντας τοὺς λοιδοροῦντας κολάζῃ, οὐχ ἕξει τίνων ἄρξει (*Diss.* III, IV, 7). " Perchè tu possa *fare* ciò che vuoi, gli altri non dovranno nemmeno *dire* ciò che vogliono ?... Eppure sa che se punisce tutti quelli che lo biasimano, non avrà più nessuno su cui governare „.

penhauriana. Sono le parole d'un uomo a cui le amare ripetute esperienze circa l'andamento delle cose sociali umane non lasciano più che disgusto e disperazione. Questo pessimismo di Platone prendeva impulso dal precipitare al peggio della vita politica-sociale che lo circondava, dai suoi inutili tentativi per migliorarla, dal risultar vana ogni sua aspettazione di miglioramento, dal constatare che gli uomini sono irrimediabilmeute ostinati nella violenza, nella cupidigia, nell'ambizione torbida, nel male. E da tale pessimismo prendeva impulso il suo idealismo. L'ultimo rifugio e l'estremo conforto non poteva che essere quello di pensare che questo mondo fenomenico, perverso e turpe, sede dell'ingiustizia e della prepotenza, mezzo di oppressione degli animi sinceri e disinteressati e di elevamento dei mentitori e degli arrivisti, non doveva essere tutto, che esso anzi non doveva essere che un'apparenza, che al fondo di esso doveva esistere un regno ideale di bellezza, di giustizia, di bene, e che questo ci si sarebbe, quando che sia, svelato come la vera realtà.

Ed è proprio per ciò che, nell'epoca nostra, veduta con gli occhi di Spengler, Berdjajew, Keyserling, il platonismo ci torna più vicino che mai non ci sia stato.

II

CICERONE

Spero enim homines intellecturos
quanto sit omnibus odio crudelitas et
quanto amori probitas et clementia.

C. Cassio in Cic., *Ad fam.* XV, 14

Cicerone era vicino ai sessant'anni, quando lo
Stato legale romano, che già precedentemente a-
veva subito terribili scosse, ma che mediante una
saggia riforma avrebbe potuto rinvigorirsi sul suo
stesso tronco senza frattura o soluzione di continuità, riceveva da Cesare il colpo di grazia...

Non è più necessario rivendicare la grandezza
di Cicerone còntro le denigrazioni del Mommsen
e di altri due o tre storici tedeschi (1). Egli non
era una ràbula e un politico superficiale. Bensì
un uomo di Stato dallo sguardo ampio e sicuro,
nel cui animo si radicava e viveva di vita vigo-
rosissima tutta la grande tradizione politica romana,

---

(1) Una bella e vivace confutazione del Mommsen si
può leggere nel saggio di **A. Horneffer**, *Cicero und die
Gegenwart*, contenuto nel volume *Das Klassische Ideal*
(Lipsia, Klinkhardt, 1909). L' Horneffer però rivendica
solo il valore di Cicerone come epistolografo e oratore,
non come filosofo.

e pur senza che l'animo servilmente vi soggiacesse, ma, anzi, insieme, con la chiara coscienza della nuova direzione che quella tradizione doveva prendere, e della misura e forma in cui doveva prenderla, per svilupparsi fecondamente e superarsi vivificandosi. Accanto a ciò, mente che s'era impadronita di tutta la più alta cultura dell'epoca: Demostene e Platone insieme pel suo paese, come riconosce Wilamowitz - Moellendorf (1). Accanto a ciò, una squisitissima sensibilità artistica e una passione vivacissima per le cose d'arte; basta vedere quanto " vehementer „, com'egli stesso dice, attendeva che Attico gli mandasse sculture ed oggetti artistici greci: "genus hoc est voluptatis meae„ (*Ad Att.* I, IX, 2 ; I, VI, 5 ; I, IV, 3 ecc) ; e basta aver letto attentamente le sue orazioni e aver scorto il perfetto senso d'arte con cui sono costruite e che vi circola. Accanto a ciò, infine, una sensibilità in generale per le cose, le persone, gli eventi, gli affetti, così moderna, che in lui, nella sua pronta e multiforme impressionabilità, ritroviamo interamente noi stessi : e il suo dolore erompente e pieno di accenti passionali per la morte della figlia Tullia, è il palpito d'un cuore dei nostri tempi. — Uomo, in una parola; assolutamente completo (2).

---

(1) Platon, ed. cit., vol. I, p. 745.
(2) Un pensatore di così sottile e sicuro buon gusto e di così grande penetrazione storica (e particolarmente

Il rimprovero che gli si fa di debolezze e incertezze è uno dei soliti rimproveri che gli eroi di poltrona hanno quasi sempre occasione di rivolgere al grande che si è trovato a dover davvero vivere avvolto da un gigantesco turbine di avvenimenti, e che nemmeno se fosse stato mille volte più grande poteva abbracciarne tutte le fila, come è invece agevole a quelli che non fanno se non pacificamente rileggerli nel loro tranquillo gabinetto venti secoli dopo. Egli non fu debole ed incerto nè nella repressione della congiura di Catilina, nè nella lotta per la salvezza della costituzione contro il cesarismo rinvelenito da Antonio, lotta che chiuse così gloriosamente la sua carriera mortale. Le sue incertezze di altri momenti sono unicamente frutto della sua profonda moralità. Perchè l'uomo fondamentalmente morale e intelligente, in mezzo a cataclismi enormi che travolgono gli individui come fuscelli, quali quelli in cui Cicerone si trovò, mentre non può operare contro coscienza, e per questa, che pure sarebbe l'unica via possibile, salvarsi o tornare a grandeggiare, però avverte anche i pericoli micidiali a cui espone sè ed i suoi operando secondo coscienza : e la condotta risultante è necessariamente quella che tracciano le fluttuazioni di tale angoscioso conflitto interno.

---

circa la storia romana) come Montesquieu ne dà questo giudizio : " Ciceron, selon moi, est un des plus grands esprits qui aient jamais été „ *(Pensées diverses)*.

" Ab illis est periculum si peccaro, ab hoc si recte fecero, nec ullum in his malis consilium periculo vacuum inveniri potest „ (*Ad Att*, X, 8). Quando i frangenti in cui un uomo si trova realmente a vivere sono davvero quelli così delineati, si può domandarsi se sia umanamente possibile la rettilineità che esigono da lui coloro che poi spulciano comodamente gli eventi della sua vita. Sicuro e diritto, in tali circostanze, è l'uomo amorale che non sente scrupoli : il cinico ed elegante arrivista Celio Rufo, che a Cicerone dava questo consiglio (*Ad. Div.* VIII, 14) : " Suppongo che non ti sfugga come nelle discordie politiche interne gli uomini debbano seguire, finchè si lotta senz'armi, la parte più onesta, ma la più forte quando vengono in gioco guerre ed eserciti, e stabilire che è migliore ciò che è più sicuro „ (Celio Rufo, del resto ottimo scrittore, tanto che per molti umanisti ed altri dotti è ancor oggi il miglior modello di stile). Ma Cicerone era un uomo di coscienza. Questa soltanto, non la sua incapacità mentale, la causa della sua rovina.

Egli era andato con Pompeo, non già sedotto dalla speranza della vittoria, ma quando la causa di costui era ormai pressochè perduta e con la piena nozione di tale condizione di cose, e mentre Cesare, Antonio, Celio, per cercar di trattenerlo almeno neutrale, gli facevano offerte larghissime : " secuti non spem, sed officium „ (*Ad Div.* X 5). Vi era andato essendo consapevole, non solo dell' inettitudine e impreparazione di Pompeo e di quelli che erano con lui, ma altresì del fatto che poco o nulla c'era da sperare da essi circa la restaurazione della legalità, animati come costoro erano da propositi di persecuzione sillana (*Ad Att.* IX, 10, 11; XI, 6 ; *Ad Div.* VII, 3; IX, 6), e chiaro ormai essendo che dai pompeiani non meno che dai cesariani non si pensava che a far man bassa dello Stato: " regnandi contentio est „ (*Ad Att.* X, 7), " dominatio quaesita ab utroque est, non id actum beata et honesta civitas ut esset „ (*ib.* VIII, 11). Vi era andato straziato dall' idea d'una guerra civile e unicamente in obbedienza a considerazioni d'ordine morale. E' la coscienza che ci costringe, scrive ad Attico (X ,8), a staccarci da Cesare più ancora se vincitore che se vinto, per non essere solidali con ciò che seguirà alla sua vittoria, stragi, estorsioni, violenze " et turpissimorum honores, et regnum non modo Romano homini, sed ne Persae quidem cuiquam tolerabile „. Era andato da Pompeo, senza illusioni e speranze, unicamente per senso del dovere. " Sed valuit (scrive più tardi a Cecina) apud me plus pudor meus quam timor ; veritus sum deesse Pompeii saluti, cum ille aliquando non defuisset meae. Itaque vel officio, vel fama bonorum, vel pudore victus, ut in fabulis Amphiaraus, sic ego prudens ac sciens, ad pestem ante oculos positam sum profectus „ (*Ad Div.* VI, 6). Egli sapeva cioè di andare alla rovina e vi andò in obbedienza a un principio d'onore (*pudor*) e di gratitudine, per quel poco che Pompeo aveva fatto onde richiamarlo dall'esilio. " Pudori tamen malui famaeque cedere quam salutis meae rationem ducere „, riconferma a M. Mario (*ib*. VII, 3). E ritornando più tardi in una lettera a Torquato, che aveva anch'egli seguito la parte pompeiana, su quell'episodio a entrambi comune, sente di poter ricordare in cospetto al correligionario politico " nec nos victoriae praemiis ductos patriam olim et liberos et fortunas reliquisse, sed quoddam nobis officium iustum et pium et debitum reipublicae nostraeque dignitati videbamur sequi, nec cum id faciebamur tam eramus amentes ut explorata nobis esset victoria „ (*ib*, VI, 1). Ne è questa un'opportunistica configurazione postuma della sua condotta di quel tempo. Basta percorrere la sua corrispondenza con Attico (suo amico intimo e suo editore, uomo consumato nell' impresa di tener il piede in più staffe e nella difficile arte di conservarsi amici i vincitori senza inimicarsi i vinti) per constatare che tale veramente, cioè il senso del dovere, era il nobile sentimento da cui fu mosso. " Officii me deliberatio cruciat, cruciavitque adhuc ; cautior certe est mansio ; honestior existimatur traiectio „ (*Ad Att*. VIII, 15). E quando Pompeo è pressochè spacciato e stretto da tutte le parti, e Cicerone è ritornato in Italia, egli si cruccia proprio di questo suo atto da cui gli sarebbe derivato vantaggio e che poteva quindi essere reputato abile, e si rammarica di non essere stato con Pompeo sino alla fine ; " numquam enim illus victoriae socius esse volui ; calamitatis mallem fuisse „ (*Ad Att*. IX, 12). Il principio, insomma, che in un'altra posteriore circostanza, piena di pericoli mortali, nella sua lotta contro Antonio, egli enuncia a Planco così : " mihi maximae curae est, non de mea quidem vita, cui satisfeci vel aetate vel factis vel gloria, sed me patria sollicitat „ (*Ad Div*. X, 1), questo è il principio che domina costantemente nell'animo di Cicerone, insieme con l' insormontabile ripugnanza, o meglio con l' impossibilità, di venir meno al rispetto verso se stesso. Allorchè, essendo Cesare incontrastato padrone, l'accomodante Attico gli dà il consiglio di obbedire ai vincitori, " non mihi quidem (egli risponde) cui sunt multa potiora „ (*Ad Att*. XV, 3).

Certo, un uomo mosso prevalentemente da sentimenti di tale natura, nelle tragiche vicende pubbliche da cui si trovò avvolto Cicerone, va al fondo. Resta a vedere se ciò sia un indice di inferiorità o se non lo sia piuttosto quel successo che è raggiunto (e la cosa è facile) in grazia dell'assenza di tali sentimenti, della mancanza d'ogni freno etico, dell'insensibilità ad ogni scrupolo di coscienza, della nessuna riluttanza a violare cinicamente ogni principio di diritto e di morale.

***

Nè l'uomo che aveva cominciato la sua carriera attaccando coraggiosamente nell'orazione *pro Roscio* un favorito potentissimo di Silla, era un pavido. Dimostrò ancora di non esserlo e nel suo consolato e nell'ultima fase della sua vita. L'apparenza di timidità da lui talvolta offerta, deriva da ciò che egli, come disse di sè, si preoccupava grandemente dei pericoli nella rappresentazione e raffigurazione mentale anticipata di essi, non già che titubasse poi ad affrontarli nella realtà. Quintiliano narra : " Parum fortis videtur quisbusdam : quibus optime respondit ipse, non se timidum in suscipiendis, sed in providendis periculis „ (XII, 1). E' press'a poco ciò che egli scrive a Toranio : mi accusavano di essere timido, " eram plane, timebam enim, ne evenirent, quae acciderunt „ ; mi dicevano timido, " quia dicebamus ea futura, quae facta sunt „ *(Ad Div.* VI, 21). Nè è giusto accusarlo di non aver saputo intuire con chiarezza le situazioni e di essersi per questa deficienza di sguardo gettato a corpo perduto a combattere per soluzioni che la realtà escludeva. È questa la solita iniqua condanna che i posteri, aggiungendosi ai contemporanei nell'incensare i vincitori e nel dare il calcio dell'asino ai vinti, pronunciano contro colui che difese la causa rimasta storicamente soccombente. Quasichè il fatto che una causa sia rimasta storicamente sconfitta dimostri anche che era giusto e logico che essa lo fosse ; quasichè il mero fatto, il fatto del successo, sia anche verdetto di giustizia e logicità ; quasichè assai spesso la causa storicamente prostrata non sia quella che *avrebbe dovuto* vincere. Che la cosa stia così nel caso di Cicerone, lo dimostra il fatto che la causa da lui combattuta e che vinse costituì la rovina della vita di Roma : basta per accertarsene constatare che nella stessa nostra memoria di posteri la vita di Roma resta chiaramente presente e attira la nostra appassionata attenzione appunto sino ad Augusto; ci rimangono ancora come appendice già torbida i primi imperatori ; poi tutto ci si confonde dinanzi in un lungo stato comatoso chiazzato di continui sussulti sanguigni, in cui (se non siamo storici di professione) non distinguiamo più nè nomi, nè persone, nè eventi, di cui non ricordiamo, nè c'importa ricordare, più nulla (1).

---

(1) Si rammenti come, per es., scorgeva Roma Massimo d'Azeglio. " Fra tutti gli Stati dell'antichità è Roma quello che ho in maggior stima, fino all'epoca dei Gracchi, intendiamoci ! Io ammiro que' tempi durante i quali dominò la legge ; durante i quali le più bollenti passioni agitate dai più vitali interessi, non cercavano altr'armi nè altre vittorie che un voto ne' Comizi „. E poco prima : " Se è giusto e vero il principio fondamentale delle Società moderne, essere la legalità di un governo dipendente dalla volontà del popolo che vi è governato, vorrei sapere se l'umanità consultata avrebbe ne' tempi dei Romani votato

Nemmeno i mezzi che egli aveva messo in opera per sostenere la causa che soccombette, erano inadeguati. Tutto, invece, egli aveva provvisto ; tutto quanto era necessario perchè essa vincesse: aveva cercato di assicurare ad essa l'appoggio e la fedeltà dei maggiori personaggi militari e politici ; aveva costituito e messo in campo eserciti poderosi ; con la sua parola teneva altissimo il tono morale del popolo all' interno. Se la causa non vinse, lo si deve, non a un fato storico, a condizioni incoercibili insite nella realtà e sfuggite allo sguardo di Cicerone, o al *logos* immanente nella storia ; ma unicamente a due o tre *puri casi*, che *potevano* accadere diversamente e in tal modo rovesciare la situazione. Dice in qualche luogo Rosmini che " uno de' mezzi, co' quali l' uomo può sciogliere la propria mente da molti pregiudizi e da' legami delle consuetudini sensibili, si è l'esercitarsi a considerare le cose non solo come sono, ma come potrebbero essere „ (1). Se vogliamo applicare questo precetto al periodo di storia in discorso (come Renouvier in *Uchronie* l'ha applicato in modo grandemente interessante a tutta la storia occidentale dagli Antonini in poi), scorgeremo agevolmente che due o tre futili casi,

per l' impero „ (*I Miei Ricordi*, cap. XX. Barbéra, 1893 p. 261).

(1) Antologia Pedagogica a cura di G. Pusinieri (Rovereto, Tip. S. Ilario, 1928) p. 187.

i quali fossero avvenuti diversamente, sarebbero bastati a cambiare del tutto la faccia delle cose; *se*, p. e., Lepido non avesse tradito, o *se* un giavellotto l'avesse ucciso quando egli si mosse per portar soccorso ad Antonio ormai disfatto, *se* Planco non avesse fatto il doppio giuoco, ciò sarebbe bastato per far di Cicerone il capo dello Stato romano, e perchè egli occupasse nella politica di Roma d'allora, e nella storia, il posto d'Augusto. E quanto lo Stato romano e la posterità sarebbero stati più fortunati se il potere fosse venuto in mano ad un uomo di rettitudine profonda e di vivo senso del diritto e del dovere, come Cicerone, anzichè ad un uomo la cui bassezza d'animo è provata luminosamente dal fatto che, avendo cominciato ancora *puer* o *adolescens*, come sempre Cicerone lo chiama, (" sed est plane puer „; *Ad Att.* XVI, 11), ad essere qualcosa solo per l'appoggio datogli appunto da Cicerone e con lo strisciarsi umilmente ai suoi piedi (" a me postulat primum ut clam conloquatur mecum Capuae vel non longe a Capua... ducem se profitetur nec nos sibi putat deesse oportere „ ; " binae uno die mihi litterae ab Octaviano „ ; " deinde ab Octaviano cotidie litterae, ut negotium susciperem, Capuam venirem, iterum rem publicam servarem „ ; "mihi totus deditus „ ; " nobiscum hinc perhonorifice et amice Octavius „ — *Ad Att.* XVI, 8, 9, 11; XIV, 11, 12), non si trattenne dal sacrificare ad una propria maggiore ascesa la vita di colui che l'aveva sorretto nei suoi primi passi. Uomo egli, sì, veramente, pusillanime, che vinse le guerre solo per mezzo dei suoi generali e specialmente di Agrippa (1), e non aveva il coraggio di presentarsi nel campo se non dopo che Agrippa gli annunziava la vittoria (Svet. *Aug.* 16). Fondamentalmente istrione e *poseur* come risulta dal fatto, narrato da Svetonio (*Aug.* 84), che non comunicava mai nemmeno con sua moglie senza scrivere prima e leggere ciò che voleva dire, nonchè dall'altro, sempre narrato da Svetonio (79), che egli amava stilizzare a particolare espressività e luminosità i suoi occhi, " quibus etiam existimari volebat inesse quiddam divini vigoris, gaudebatque

---

(1) " Octave lui [a Sesto Pompeo] fit deux guerres laborieuses ; et après bien de mauvais succès il le vainquit por l'habilité d' Agrippa... Je crois qu' Octave est le seul de tous les capitaines romains qui ait gagné l'affection des soldats en leur donnant sans cesse des marques d'une lâcheté naturelle „ (Montesquieu, *Grandeur et Décadence des Romains*, ch. XIII). — Tanto Cesare quanto Augusto avevano l'abitudine di citare dei versi delle *Fenicie* di Euripide. E la citazione che l'uno e l'altro aveva scelto è rivelatrice del loro rispettivo carattere. Cesare amava citare i versi 524-525 : " se c'è un caso in cui sia bello violare il diritto, è quando lo si viola per conseguire la tirannide „ ; citazione significatrice dello spirito violento e illegale. Augusto amava citare il verso 559: è meglio per un generale procedere al sicuro ($\dot\alpha\sigma\varphi\alpha\lambda\acute\eta\varsigma$) che essere ardito ($\vartheta\rho\alpha\sigma\acute\upsilon\varsigma$) „ ; citazione significatrice della vigliaccheria (cfr. Cicer. *De Off.* III, 21, 82 e Svetonio *Aug.* XXXV).

si qui sibi acrius contuenti quasi ad fulgorem solis vultum summiteret „; e infine in modo palmare dalle parole (" ecquid iis videretur mimum vitae commode transigisse „) e dalla citazione greca richiedente l'applauso per la commedia ben riuscita, con cui egli chiuse la sua esistenza (*ib*. 99). Uomo che desta particolare antipatia precisamente in grazia del suo proposito di moralizzare la vita romana ; perchè niente è più ripugnante del dissoluto che si dà il còmpito di costringere gli altri alla virtù e posa a restauratore della morale pubblica ; e Augusto aveva cambiato tre mogli prendendo l'ultima al marito sotto i suoi stessi occhi, conducendola con sè in un'altra stanza donde era ritornata spettinata e con gli orecchi rossi, e poi introducendola in casa propria incinta d'un altro (*ib* 62, 69) ; aveva commesso le oscenità che narra Svetonio (68, 69), irripetibili, tranne forse una : " adulteria quidem exercuisse ne amici quidem negant „ ; e dopo ciò faceva udire le parole ammonitrici di vita austera e imprendeva a ricondurre i costumi alla prisca severità (1). La scandalosa condotta di sua figlia e di sua nipote, che condusse

---

(1) " A cool head, an unfeeling heart, and a cowardly disposition, promted him at the age of nineteen, to assume the maske of hypocrisy, which he never afterwards laid aside. With the same hand, and probably with the same temper, he signed the proscription of Cicero and the pardon of Cinna. His virtues, and even his vices, were artificial „ (Gibbon, *Decline and Fall*, c. III).

all'esilio di entrambe, e di Ovidio complice o pronubo, dimostra che nella sua famiglia stessa si
aveva il senso netto del come si poteva prendere
sul serio una riforma morale che pretendeva attuare un individuo di siffatta indole e di siffatti
precedenti (1).

Non ostante che all'epoca del trionfo di Cesare
si avvicinasse alla sessantina, Cicerone non era
uomo che non sapesse comprendere i tempi. Li
comprendeva benissimo, più profondamente e sapientemente di Cesare e di Ottavio. La sua mente
era in pieno vigore. Subito dopo quell'epoca egli
poteva scrivere quei suoi libri di filosofia che suscitarono l'ammirazione dei contemporanei e furono
e saranno letti con entusiasmo o rispetto da tutte

---

(1) Coglie veramente nel segno Aurelio Vittore : " Cum
esset luxuriae serviens erat eiusdem vitii severissimus ultor,
more hominum, qui in ulciscendis vitiis, quibus ipsí vehementer indulgent, acres sunt „ (cap. l). E si può dire di
lui quel che il Boissier dice di Domiziano : " Par malheur,
ce prince si sévère pour les defauts des autres, était luimême très vicieux. Il avait fait des lois rigoureuses contre
l'adultère et il vivait publiquement avec sa nièce, la fille
de Titus, qu' il avait enlevée à son mari et dont il causa
la mort en essayant de la faire avorter. Ce contraste était
choquant, et il n'ignorait pas qu'on en était indigné „
(*Tacite*, p. 45).

le generazioni successive (1). Poco più oltre egli svolgeva anzi la sua azione politica più abile, più decisa, più energica e più importante, e, insieme, con le *Filippiche* raggiungeva un' altezza da lui ancora non tocca nella forma d'arte che gli era propria : " divina „ chiama giustamente un giudice certo non facile, Giovenale (X, 125), la seconda di esse. La sua idea di portare alla luce del mondo politico, sotto la sua direzione, il pronipote e figlio adottivo di Cesare, ancora ragazzo (aveva appena diciannove anni), accordandogli anche onori che a molti parevano eccessivi, e di riuscire così giovandosi del nome di Ottavio a far rientrare il ribollente partito cesariano nell'ordine costituzionale e a dominare in tal modo una situazione difficilissima, era una idea geniale, abilissima, da politico grandemente avveduto, l'unica

---

(1) Sull' immensa influenza esercitata da Cicerone sui pensatori e sulla cultura di tutti i tempi, veggasi l'esauriente libro di **Zielinski**, *Cicero im Wandel der Jahrhunderte* (Teubner, Lipsia, IV ed., 1929).—Strachan-Davidson nella sua *Vita* di Cicerone ("Heroes of the Nations Series „) dice giustamente che se si dovesse decidere quale degli scrittori antichi maggiormente influì sul mondo moderno, la decisione sarebbe in favore di Plutarco e Cicerone.— Erasmo, scrivendo ad un amico, diceva che, se da giovane preferiva Seneca, con l'età matura era andato sempre più apprezzando Cicerone. Ed è proprio giusto il noto giudizio di Quintiliano: " Ille se profecisse sciat, (e si può aggiungere : tanto in gusto letterario, quanto in rettitudine etico-politica) cui Cicero valde placebit „ (X, 112).

idea che in quel terribile cataclisma poteva dar buoni frutti. Non è sua colpa se l'idea non riuscì, e proprio sopratutto per la perfidia senza scrupoli del futuro Augusto. Per quanto avveduto e grandemente intelligente, un uomo di Stato fondamentalmente onesto come Cicerone, non fa entrare nel suo giuoco la supposizione di una perfidia enorme, di gran lunga travalicante la media nequizia umana, come fu quella di Augusto; nè si può accusarlo di incapacità se non ve la fa entrare, e se essa gli si rizza impensatamente dinanzi mandando a picco i suoi piani più accortamente e sapientemente elaborati (1). Fra il 41 e il 40 a. C., cioè all'età di circa sessantaquattro anni, Cicerone assume risolutamente, nel momento più pieno di vicissitudini e pericoli, la parte di *leader* del Senato e del popolo romano, come egli stesso scrive a Cornificio, " me principem Senatui populoque romano professus sum *(Ad Div. XII, 24 2)*; spiega un'attività prodigiosa, tanto verso gli eserciti quanto rispetto alla situazione interna, per dirigere

---

(1) Giustamente Platone osserva *(Rep. 409 A-D)* che le persone oneste sono facili ad essere ingannate dai malvagi perchè non hanno in sè il modulo dei sentimenti di costoro (ἄτε οὐχ ἔχοντες ἐν ἑαυτοῖς παραδείγματα ὁμοιοπαθῆ τοῖς πονεροῖς); mentre però il malvagio, abilissimo nel suo comportamento coi malvagi, resta ingannato quando tratta coi buoni, perchè, giudicando da sè, e ignorando le indoli oneste, vede dappertutto inganni (ἀπιστῶν παρὰ καιρὸν καὶ ἀγνοῶν ὑγιὲς ἦθος).

la lotta contro Antonio ; getta di nuovo, attesta scrivendo ancora a Cornificio, i fondamenti dello Stato con la prima *Filippica*: " fundamenta ieci reipublicae „ (*Ad Div.* XII, XXV, 1); e al giocondo Peto conferma quanto abbia fatto, quanto faccia e come ritenga che se dovesse in tale sua azione perdere la vita l'avrebbe spesa bene ; " sic tibi, mi Peto, persuade, me dies et noctes nihil aliud agere, nihil curare, nisi ut mei cives salvi liberique sint : nullum locum praetermitto monendi, agendi, providendi : hoc denique animo sum, ut si in hac cura atque admistratione vita mihi ponenda sit, praeclare actum mecum putem „ (*Ad Div.* IX, XXIV, 3). " In questi primi mesi del 43, Cicerone fu veramente il *princeps*, ch'egli aveva idealizzato nel *De republica* : consigliere, esortatore, ispiratore del Senato, dei consoli, dei governatori delle provincie „ (1). Non è questa la condotta d'un uomo le cui facoltà spirituali siano illanguidite.

Ma, sopratutto, a prova della sua esatta comprensione dei tempi, basta ricordare come la riforma che occorreva allo Stato romano, pessimamente attuata, secondo attestò la susseguente vita

---

(1) F, Arnaldi, *Cicerone*, (Bari, Laterza 1929' p. 187). " Jamais Ciceron n'a joué, un plus grande rôle politique qu'à ce moment ; jamais il n'a mieux mérité ce nom d'homme d'Etat que ces ennemis lui refusent „ (Boissier, *Cicéron et ses amis*, p. 79

dell'Impero, da Cesare e da Augusto, fosse stata prospettata per primo da Cicerone nel *De Repubblica*. L'introduzione, cioè, d'un nuovo e più fermo principio d'autorità sotto forma di un " rector rerumpublicarum „, d'un " moderator reipublicae „, d'un " princeps civitatis „ *(De Rep.* V, 3, 4, 6). Senonchè Cicerone, con molto maggior senso della necessaria continuità di sviluppo dello Stato romano e con molta maggior disinteressata cura di esso, non intendeva che questa riforma dovesse rivolgersi a distruzione della costituzione esistente, bensì che dovesse ingranarsi in essa e formarne un naturale complemento e uno svolgimento spontaneo e logico ; " homines non tam commutandarum quam evertandarum rerum cupidos „ , egli giudica i cesariani *(De Off.* II c. I), mentre per lui la costituzione romana, come esattamente nota lo Zielinski, era " capace di ogni progresso in quanto questo conducesse all'accettazione e allo sviluppo di idee feconde *(fördernder)*, non di idee distruttive„ (1). La differenza tra il modo con cui egli concepiva la riforma e il modo con cui la attuarono Cesare ed Augusto è si può dire scolpito dalle seguenti sue due proposizioni : " me nunquam voluisse plus quemquam posse quam universam rempublicam „ *(Ad Div.* VII, 3); " ego sum, qui nullius vim plus valere volui, quam honestum otium „ *(ib.* V, 21). Ovvero : la diffe-

---

(1) *O. c.,* p. 4

renza tra la concezione ciceroniana del *princeps* e la pratica applicazione fattane da Cesare è resa nel bell' emistichio con cui Lucano (I, 150) descrive il modo di operare di quest'ultimo : « gaudens viam fecisse ruina „ (1).

Basta riflettere a tutto ciò per scorgere tosto che non solo la mente di Cicerone era nel suo pieno vigore, ma altresì la sua comprensione dei tempi (se per questa s'intende, non già furbesca valutazione personalmente opportunistica delle circostanze, ma avvertimento delle necessità profonde che ad un dato momento si presentano nella vita sociale e politica d'un paese) era perfetta.

---

(1) Il " sovversivismo „ di Cesare è provato dal dolore che per la sua morte manifestarono sopratutto gli Ebrei (" qui etiam noctibus continuis bustum frequentabant„ — Svet, *Caes.* 84), cioè precisamente coloro che nel seno nello Stato romano, da essi violentemente odiato, costituivano la catapulta diretta a farlo saltare, e che, sotto la veste del Cristianesimo, a farlo saltare effettivamente riuscirono. Si può anzi con sicurezza dire che l' impero romano si deve agli ebrei, perchè furono i loro lunghi tetri lamenti intorno al cadavere di Cesare che suscitarono nella plebaglia quella sommossa per e attorno al rogo del dittatore, la quale fece prender nuova forza al cesarismo. " É noto come per la commozione popolare che lo straziante rito ebreo provocò colle sue lugubri lamentazioni orientali, se ne ingenerò quel tumulto che doveva mutare la faccia del mondo, mandando in fumo i diplomatici accordi con Bruto e Cassio, che dovettero fuggire in Illirio: sicchè ne vennero le lunghe guerre civili e l' Imperio di Augusto „ (Ottolenghi, *Voci d'Oriente*, Lugano, 1913, vol. I, p. 211).

***

Mente possente, senso politico sicuro, comprensione dei tempi piena. Non si può dunque attribuire a deficienze intellettuali il modo con cui Cicerone valutò Cesare e il movimento da costui capeggiato. Egli non vide certamente Cesare come la sua figura si è plasmata nella storia, che corona con eternità d' apoteosi tutto' ciò che ha trovato in ogni presente la consacrazione del bruto successo di fatto. Lo vide come glielo presentava la realtà immediata. Lo vide come lo vide Catullo (LVII):

> Pulcre convenit improbis cinaedis,
> Mamurrae pathicoque Caesarique ;...

E questo *Caesar* era proprio Caio Giulio Cesare e quel Mamurra (da Catullo soprannominato Mentula) il suo generale del genio. A permettere al quale di " mangiare „ (il verbo si usava anche in latino con questo preciso significato) milioni su milioni, il commovimento politico aveva principalmente servito. Doveva essere una cosa nota a tutti, se Catullo la mette correntemente in versi (XXIX):

> Cinaede Romule, haec videbis et feres ?
> Es impudicus et vorax et aleo.
> Eone nomine, imperator unice,
> Fuisti in ultima occidentis insula,
> Ut ista vostra diffutata Mentula
> Ducenties comesset aut trecenties ?

" Cinaede Romule „, Romolo debosciato, impudico, vorace e giuocatore : così Catullo vede Cesare. E press'a poco così lo vede Cicerone.

Egli non scorge Cesare, quale il fanatismo interessato dei seguaci e poi gli storici l'hanno costruito: gli storici, i quali (in generale) non fanno mai altro se non aggiungere, per supino servilismo postumo, la loro adulatrice consacrazione al successo di fatto e di solito non osano mai, per la paura di passar per " singolari „, sviscerare il clamoroso successo di fatto ottenuto da un " grande „ nella età in cui visse, mettendone coraggiosamente in luce le vere molle, spessissimo casuali, o basse, o vili, ma sempre invece per essi è " grande „ colui che nella sua epoca le circostanze, o la perfidia, o i misfatti hanno portato in alto (1).

____

(1) " Si vous avez une vue nouvelle, une idée originale, si vous présentez les hommes et les choses sous un aspect inattendu, vous surprenez le lecteur. Et le lecteur n'aime pas à être surpris. Il ne cherche jamais dans une histoire que les sottises qu' il sait dejà. Si vous essayez de l' instruire, vous ne ferez que l'humilier et le fâcher. Ne tentez pas de l'éclairer, il criera que vous insultez à ses croyances... Un historien original est l'objet de la défiance, du mépris et du dégoût universels „. Questo è l'abituale comportarsi degli storici, secondo la satira, aggiustatissima, che ne schizza A. France (_L' île des Pingouins_, préf., p. IV-V). Ci sarebbe solo da aggiungere che spesso il servilismo degli storici verso i personaggi della storia che scrivono serve al loro servilismo verso i personaggi della storia che vivono.

Cicerone vede Cesare muoversi davanti ai suoi occhi, nella vita vera, non nella luce abbagliante del mito (1). Esso gli appare screditato, corrotto, senza senso di morale nè privata nè pubblica, uomo la cui vita, i cui costumi danno la certezza che si condurrà male : e sopratutto la danno la gente che lo circonda. " O Dii, qui comitatus ! in qua erat area scelerum ! „, scrive ad Attico (IX, 18), dopo uno dei suoi abboccamenti con lui. Egli sa che Cesare aveva cominciato a costruirsi la sua potenza accaparrandosi e tenendo alle proprie dipendenze i manigoldi audaci e bisognosi (2). Egli scorge

---

(1) Nell' interessantissima antologia di pagine storiche di Chateaubriand, testè pubblicata dall'editore Tallandier sotto il titolo *Scénes et portraits historiques*, si legge (p. 269) : " Tout personnage qui doit vivre ne va point aux générations futures tel qu' il était en réalité : á quelque distance de lui, son epopée commence : on idéalise ce personnage, on le transfigure ; on lui attribue une puissance, des vices et des vertus qu' il n'eut jamais ; on arrange les hasards de sa vie, on les violente, on les coordonne à un système, Les biographes répètent ces mensonges ; les peintres fixent sur la toile ces inventions et la posterité adopte le fantôme. Bien fou qui croit à l'histoire. L'histoire est une pure tromperie „. E Montesquieu, dal canto suo aveva già osservato : " Les places que la postérité donne sont sujettes, comme les autres, aux caprices de la fortune „ (*Grandeur et décadence des Romains*, Ch. 1)

(2) " Habebat hoc omnino Caesar : quem plane perditum aere alieno egentemque, si eumdem nequam hominem audacemque cognorat, hunc in familiaritatem libentissime recipiebat „ (*Fil. II*, C. XXXII § 78).

radunata attorno a Cesare tutta la gente equivoca
e sospetta, violenta e disperata, tutte le anime dan-
nate, νεκυία (*Ad Att.* IX. 18), " omnes damnatos,
omnes ignominia affectos, omnes damnatione igno-
miniaque dignos, omnem fere inventutem, omnem
illam urbanam et perditam plebem „ (*Ad Att.* VII,
3,), tutti i giovani circa i quali pensava che „ma-
ximas republicas ab adolescentibus labefactas„ (*De
Sen.* VI), tutti coloro ch'egli chiamava « perdita
iuventus » (*Ad Att.* VII, 7) e poc'anzi « barba-
tuli iuvenes, grex Catilinae » (*ib.* I, 14), «feccia
di Romolo » (*ib.* II, I), i precursori di quella che
poi Giovenale denominerà «turba Remi» (X, I, 3);
cosicchè, egli scrive ad Attico, intorno a Cesare
è raggruppato tutto il canagliume della penisola,
« cave autem putes quemquam hominem in Italia
turpem esse, qui hinc absit » (IX, 19); osservazione identica a quella che è costretto a fare il
cesariano Sallustio: " occupandae reipublicae in
spem adducti homines, quibus omnia probo ac luxu-
ria polluta erant, concurrere in castra tua„ (*De Rep.
Ord.* II, 2). Come Catullo, Cicerone vede con
disgusto i cesariani ormai dominatori darsi al lusso
ed al fasto, giuochi, cene, delizie, mentre Balbo
(altro comandante del genio di Cesare e sua *longa
manus* in Roma) si costruisce dei palazzi, "quae
coenae? quae deliciae?... at Balbus aedificat „ "(*Ad
Att* XII, 2) (1), e Antonio scorrazza l'Italia con-

(1) Val la pena di riportare tutto il passo perchè esso

ducendosi dietro in una lettiga aperta la sua amante, in un'altra sua moglie, " septem praeterea coniunctae lecticae amicarum sunt an amicorum ? „ (*Ad Att.* X, 10) (1). Tutto ciò desta in Cicerone una nausea invincibile: " nosti enim non modo stomachi mei, sed etiam oculorum, in hominum inso-

---

contiene un'osservazione di indole psicologica e morale eternamente vera e colta da Cicerone dalla vita stessa che lo circondava : " At Balbus aedificat ; τὶ γὰρ αὐτῷ μέλει ; Verum si quaeris, homini non recta sed vuluptaria quaerenti nonne βεβίωται ? „ Cioè: " Balbo pensa a costruirsi palazzi. Che importa a lui di tutto ciò ? E in verità, se a un uomo non sta a cuore la dignità e la coscienza, ma solo il suo interesse, fa bene a far così : può dire ho vissuto „.

(1) La ributtante figura d' Antonio risalta scolpita non solo nelle lettere di Cicerone, ma, più ancora nelle *Filippiche* (v. specialmente *Fil.* II c. 18 e s.). Pagine che stanno a dimostrare una volta di più come, in una situazione politica tirannica ed eslege, anche persone notoriamente turpi possano salire ai più alti gradi, perchè il controllo dell' opinione pubblica e la possibilità di censure sono soppresse dalla forza e la gente costretta al silenzio. — Non ostante, in un primo tempo Cicerone, usando l'avveduta prudenza dell'uomo politico, aveva cercato di persuadere quasi amichevolmente Antonio a rimanere nell'orbita della legge. Ciò con la *Fil. I*, di cui è il caso di citare le seguenti righe : " Sin consuetudinem meam, quam in rempublicam semper habui, tenuero, id est, si libere, quae sentiam, de republica dixero ; primum deprecor ne irascatur, deinde, si haec non impetro, peto ut sic irascatur, ut civi „ (c. XI).

lentium indignitate, fastidium„ (*Ad Div.* II, 16) (1). Quanto a Cesare, egli è per Cicerone " hominem amentem et miserum „, che non ha mai conosciuta neppur l'ombra dell'onestà, che considera la tirannide come il maggior dono degli Dei, (*Ad Att.* VII, 11), capace di ogni scelleraggine, " omnia taeterrime facturum „ (*ib.* VII. 12), uomo del quale " vita, mores, ante facta, ratio suscepti negotii, socii „ fanno ritenere che non potrà comportarsi se non "perdite„ (*ib.* IX 2 A, *alias* 2, § 2 e s.) La sua condotta sarà anche resa peggiore di quel che per l'indole di lui sarebbe, dal fatto che il vincitore nella guerra civile deve pur contro sua volontà operare ad arbitrio di coloro che l'hanno aiutato a vincere. " Omnia (scrive a Marcello) sunt misera in bellis civilibus ; sed miserius nihil, quam ipsa victoria : quae etiamsi ad meliores venit, tamen eos fero-

---

(1) La stessa ripulsione, e per la stessa ragione, Filippo destava in Demostene. È circondato (egli dice) da ladri, da adulatori, da gente che si abbandona a immoralità che non oso neanche ripetere (*Ol.* II, 19). E Demostene si illudeva che anche perciò Filippo sarebbe caduto. Geloso e ambizioso com'è (egli dice) allontana gli uomini di valore, che gli danno ombra ; gli uomini assennati e morigerati, che sono rivoltati dalle sue immoralità (ἀκρασίαν τοῦ βίου καὶ μέθην καὶ κορδακισμοῦς) sono da lui cacciati e ridotti a nulla, παρεῶσθαι καὶ ἐν οὐδενὸς εἶναι μέρει (*ib.* 18). Ma pur troppo i fatti hanno sempre provato che è vana speranza contare che queste ragioni facciano cadere un uomo dal potere. L'esigenza morale non trova sanzione nella storia e nella politica.

ciores impotentioresque (più sfrenati) reddit ; ut etiamsi natura tales non sint, necessitate esse cogantur ; multa enim victori eorum arbitrio per quos vicit, etiam invito, facienda sunt „ (*Ad Div.* IV, 9). E su questo stesso pensiero insiste anche con Cornificio (*Ad Div.* XII, 18) : " Bellorum enim civilium hi semper exitus sunt, ut non ea solum fiant, quae velit victor, sed etiam, ut iis mos gerendus sit, quibus adiutoribus sit parta victoria „ (1).

La situazione scaturita dalla vittoria di Cesare appare a Cicerone un mostruoso sfacelo dell'eticità pubblica. " Tutto allora in Roma precipitava a rovina, religione, costumi, esercito, cittadinanza, popolo, senato, magistrati, privati ; e in quel rovescio d'ogni cosa umana e divina, poneva i fondamenti sanguinari la tirannia degli imperatori „ (2). Cicerone vede come non appena Cesare, annientati i suoi avversari, e rimasto solo sulla scena politica, ha messo violentemente le mani sullo Stato, e in

---

(1) Il modo genuinamente italiano di considerare Cesare è quello che un veramente grande italiano, il Carducci, ci presenta nei due sonetti *Il Cesarismo*, che cominciano con le parole, estremamente significanti e pregnanti,

Giove ha Cesare in cura. Ei dal delitto
Svolge il diritto, e dal misfatto il fatto.

Entrambi i sonetti meritano di essere attentemente letti, con la nota al v. 14 del secondo, che li accompagna.

(2) Barzellotti, *Delle Dottrine Filosofiche nei libri di Cicerone*.

seguito a ciò " omnia delata ad unum sunt „ (*Ad Div*. IV, 9) al punto che Cesare redige in casa sua, a suo libito, quelli che devono apparire come *senatusconsulta* (*Ad Div*. IX, 15), si formi un'atmosfera di falsità, di servilismo, di adulazione universale, tanto da parte di privati quanto di enti pubblici, cosicchè non si distingue più il sentimento sincero dalla simulazione, " signa perturbantur, quibus voluntas a simulatione distingui posset „ (*Ad Att*. VIII, 9); (1) quell'adulazione e quel servilismo, che, diventati poi a poco a poco oramai di rito, Lucano, più tardi sotto Nerone, stigmatizza con magnifici versi, facendone risalire l'inizio appunto al dominio di Cesare :

----

(1) " Cette abjection de la patrie releva l'âme de Cicéron par l'indignation et par la honte. La victoire de César, au lieu de l'en rapprocher, l'en éloigna. Le succès, qui est la raison du vulgaire, est le scandale des grandes âmes „. (**Lamartine**, *Cicéron*, Calman - Levy, 1874, pag. 167). E' un libro, poco conosciuto, in cui Lamartine, in forma simpaticamente piana e scevra da ogni erudizione, presenta, nella sua nobile luce, e con accenti assai elevati, la figura di Cicerone. Ne vogliamo, a conferma di precedenti osservazioni, estrarre ancora due passi. " Les ambitieux, les factieux, les séditieux, les corrupteurs et les corrompus, la jeunesse, la populace et la soldatesque, les barbares mêmes enrôlés dans les Gaules, étaient avec César „ (p. 186). " Coriolan... n'avait rien fait de plus monstrueux... et cependant l'histoire a flétri Coriolan et a déifié César. Voilà la justice des hommes irréfléchis, qui prennent le succès pour juge de la moralité des événements „ (154).

Namque omnes voces, per quas iam tempore tanto
Mentimur dominis, haec primum repperit aetas,
Qua, sibi ne ferri ius ullum, Caesar, abesset,
Ausonias voluit gladiis miscere secures,
Addidit et fasces aquilis et nomen inane
Imperii rapiens signavit tempore digna
Maesta nota (1).

Cicerone vede come, appena risultò che Cesare era saldamente stabilito al potere, non solo i "sovversivi ,,, ma anche gli " ottimati ,,, le vecchie figure

(1) V. 386, — Si avverte che la parola " imperium ,, qui non significa il nostro " impero ,,, ma " officio pubblico legale ,,. Lucano vuol dire che Cesare coprì l'usurpazione, assumendo falsamente il semplice nome d'un officio pubblico legale. Come è noto, è sopratutto col *nome* di potestà tribunicia che l'usurpazione si effettuò. Nel libro, ricco di dottrina e di acume, di G. Niccolini, *Il Tribunato della Plebe* (Hoepli, 1932) si mostra che l' impero si costituì deformando e nell' istesso tempo assorbendo la potestà tribunicia. « L' impero non era, in ultima analisi, che il trionfo della democrazia [più esatto sarebbe dire: demagogia], e se chi aveva fondato il suo potere sul partito democratico, non poteva abolire la pericolosa magistratura, non gli restava che appropiarsela nella sua sostanza, se non nella forma esteriore... Così la temuta magistratura, nata per difendere la libertà del popolo, che conteneva perciò elementi di sovranità atti a svilupparsi in tirannide... costituiva ora l'essenza del potere civile del monarca » (pag. 159). — Il contegno adulatorio e vilmente opportunistico comincia con gli uomini il cui prototipo è Attico. " C'est assurément ce qui nous répugne le plus dans sa vie ; il a mis un empressement fâcheux à s'accomoder au régime nouveau ,, (Boissier, *Cicéron et ses amis*, pag. 165).

politiche, abili a restar sempre a galla, " huic se dent, se daturi sint „, sia pure perchè terrorizzati, sebbene essi ora dicano che lo erano quando ossequiavano Pompeo (*Ad Att* IX. 5); come essi " se venditant „ a lui, mentre i municipi fanno di lui " vero Deum „ (*ib.* VIII, 16), e il grosso del pubblico sta inerte, passivo, indifferente, non pensa che alla propria tranquillità (" otium „), non rifiuta, come non ha mai rifiutato, nemmeno la tirannide " dummodo otiosi essent „ (*ib.* VII, 7), non si occupa che dei campi, delle ville, dei quattrini, " nihil prorsus aliud curant nisi agros, nisi villulas, nisi nummolos suos „ (*ib.* VIII, 13); atonia che si aggravò ancora più tardi quando diventava potente Antonio : " mihi stomachi et molestiae est populum romanum manus suas non in defendenda republica, sed in plaudendo consumere „. (*Ad Att.* XVI, 2) (1). Ma questa prosternazione e adula-

(1) Anche qui si riscontra un parallelo nella potente e vibrante invettiva di Demostene per l'inerzia dei Greci del suo tempo. Non è senza ragione (egli dice) che i Greci una volta avevano a cuore la libertà e ora invece hanno a cuore la servitù. Gli è che allora (prosegue) vi era qualcosa che vinse l'oro persiano e fece la Grecia libera e invincibile in terra e in mare: ed era la fermezza dei caratteri che non si lasciavano corrompere e comprare (*Fil.* III, 36, 37). Supremo criterio di bene dei Greci (ὅροι τῶν ἀγαθῶν καὶ κάνονες) era un tempo non avere padrone ; poi da coloro pei quali la misura della felicità è il ventre e l'inguine (τῇ γαστρὶ μετροῦντες καὶ τοῖς ἀισχίστοις τὴν εὐδαιμονίαν) la libertà fu bevuta alla

zione universale, questo continuo panegirismo ormai diventato di prammatica, non è, per Cicerone, se non un'universale falsificazione di coscienza, quella stessa per cui più tardi egli osservava che i cittadini gementi sotto l'oppressione avevano dato a Cesare colpevole dell'orrendo parricidio della patria il titolo di *parens patriae* : " potest cuiquam esse utile faedissimum et taeterrimum parricidium patriae, quamvis is, qui se eo abstrinxerit, ab oppressis civibus parens nominaretur ? „ (*De Off.* III, 83) (1). Questa situazione che fa fremere d'orrore Cicerone (2), nella quale egli trova che non c'è

---

salute di Filippo e di Alessandro. E, data questa vostra viltà e servilità, (dice altrove) è inutile che speriate nella malattia o nella morte di Filippo : anche se muore, vi creerete tosto voi stessi un altro Filippo, ταχέως ὑμεῖς ἕτερον Φίλιππον ποιήσετε (*Fil.* IV, 11).

(1) In questo stesso luogo, volendo Cicerone dimostrare che l'utile e il giusto non possono distinguersi, scrive fra l'altro : « Hanc cupiditatem [quella di Cesare di voler dominare tirannicamente la patria] si honestam quis esse dicit, amens est ; probat enim legum et libertatem interitum, earumque oppressionem taetram et detestabilem gloriosam putat ». Come, aggiunge, può essere ciò utile all'usurpatore ? Anche i re legittimi hanno avversari ; « quanto plures ei regi putas, qui exercitu populi romani populum ipsum romanum oppressisset ? ».

(2) Ricco com'era d'un *pathos* etico affine a quello di Kant, si intuisce chiaramente dalle sue lettere e dai suoi scritti che egli sentiva profondamente, come il filosofo tedesco, che il " dovere relativo alla dignità dell'umanità in noi, e che è per conseguenza un dovere verso noi

più posto" non modo pudori, probitati, virtuti, rectis studiis, bonis artibus, sed omnino libertati ac saluti „ (*Ad Div.*, V, 16), gli appare sopratutto basata sulla menzogna e sul falso, perchè sotto l'adesione, l'adulazione, l'apoteosi che l'atmosfera ufficiale ormai impone, circola larghissimamente quel malcontento e quell'esecrazione generale verso i distruttori dello Stato legale, che egli constatava già precedentemente quando essi avevano iniziata tale loro opera di demolizione (" summum odium omnium hominum in eos qui tenent omnia ; mutationis tamen spes nulla „. *Ad Att.* II, 22). Questa esecrazione generale, sotto le parvenze dell'ossequio più profondo, s'è ora concentrata in Cesare, il quale, dopo poco tempo di dominio, ormai in realtà persino " egenti ac perditae multitudini in odium acerbissimum venerit „ (*ib.* X, 8). Invero, Cesare stesso sapeva d'essere odiato e di dover esserlo, sopratutto per la posizione di superiorità e distanza, così urtante al senso cittadinesco romano, che egli aveva finito per prendere : dopo la sua uccisione, Mazio racconta a Cicerone che

---

stessi, può esprimersi in modo più o meno chiaro nei seguenti precetti : non siate schiavi degli uomini ; non permettete che i vostri diritti siano impunemente calpestati „ (*Dottr. della Virtù* § 12). Che è, del resto, il precetto evangelico : μὴ γίνεσθε δοῦλοι ἀνθρώπων (I, *Cor.* VII, 23) ; τῇ ἐλευθερίᾳ ἡμᾶς Χριστὸς ἠλευθέρωσεν· στήκετε οὖν καί μὴ πάλιν ζυγῷ δουλείας ἐνέχεσθε (*Gal.* V, 1).

avendo dovuto una volta Cesare far fare antica-
mera a quest'ultimo, aveva detto : se un uomo
come Cicerone deve attendere per essere introdotto
da me e non può a piacer suo parlarmi, " ego
dubitem quin summo in odio sim „ ? (*Ad Att.*
XIV, 1 e 2) (1).

(1) A proposito dell'uccisione di Cesare. Vi sono molti
i quali pensano che perchè Bruto era stato « perdonato »
da Cesare e poi anzi « beneficato », egli dirigendo « il
tradimento e l'uccisione del suo benefattore », abbia dato
« perfido esempio di cuore ingrato e irreverente » (A.
Corradi). Questa opinione è la tipica prova della completa
mancanza d'ogni senso di ciò che è diritto. Proprio il fatto
che Cesare gli aveva « perdonato », doveva essere per
Bruto una giusta ed onesta ragione di più per abborrirlo.
Bruto aveva preso le armi contro Cesare in difesa dello
Stato legale : dunque conforme al diritto. Decidere sul suo
caso, condannarlo od assolverlo, spettava alle autorità *legali*
(Senato), *non* a un individuo. Il solo fatto che non già le
leggi o le autorità legalmente costituite, ma l'individuo
Cesare, potesse a suo beneplacito interrompere o far
proseguire i processi, ordinare condanne o assoluzione,
assolvere Bruto, « perdonare » a Bruto (quasichè condannare
od assolvere, e, peggio, « perdonare », supposto si trattasse
di delitto, fosse di competenza *d'un individuo*, e quasichè
questo stesso fatto non comprovasse lo sfasciamento dello
stato legale compiuto da Cesare) era una ragione di più
per avversare e condannare legittimamente l'uomo e il
sistema, e per ricorrere ad ogni mezzo onde liberarsene.
— Che, per citare un altro fatto, onde far ritornare Marcello
dall'esilio i senatori abbiano dovuto pregare un *individuo*,
gettarsi ai piedi d'un *individuo*, dell'*individuo* Cesare, è
un fatto che doveva legittimamente suonar condanna per

Era, insomma, la situazione che un filologo italiano contemporaneo descriveva di recente con tutta esattezza così: " La crescente potenza di Cesare, il quale, dopo la funesta giornata di Farsalo, erigendosi a signore assoluto, e sopprimendo la libertà della vita politica di Roma, aveva, per primo, inaugurato la lunga e mostruosa serie degli

questo individuo, che si sovrapponeva in tal guisa alle leggi: condanna, anche quando « perdonava », perchè precisamente così dimostrava che dipendeva, non più dalle leggi assolvere o condannare, ma da lui perdonare o no. — Piena ragione ha Seneca quando in un capitoletto pieno di considerazioni interessanti circa l'atto di Bruto, dice che egli non aveva ragione di gratitudine verso Cesare, perchè questi non aveva acquistato il diritto di fare il bene se non violando il diritto e perchè chi non uccide non arreca un beneficio, ma si astiene da un maleficio: « in ius dandi beneficii iniuria venerat; non enim servavit is, qui non interficit, nec, beneficiun dedit, sed missionem » (De Benef. II, 20). Del pari piena ragione ha Cicerone, il quale, ad Antonio, che gli rinfacciava come un benefizio usatogli di non averlo ucciso al suo sbarco a Brindisi, rispondeva: questo è lo stesso beneficio di cui potrebbe vantarsi un assassino per non aver ucciso taluno: « quod est aliud beneficium latronum, nisi ut commemorare possint iis se dedisse vitam, quibus non ademerint? » (Fil. II, C. III). E si noti ancora che Seneca e Lucano, vivendo entrambi alla corte di Nerone, il quale, pure, era della casa Giulia, poterono il primo dare a Bruto la massima delle lodi facendo dire da Marcello a sè stesso: " tu vive Bruto miratore contentus „ (Ad Helviam IX, 8), il secondo dipingere nel suo poema con smaglianti colori di grandezza morale " magnanimi pectora Bruti „ (II, 234 e s.).

imperatori romani ; la viltà degli adulatori, che disertavano il partito dei vinti per quello più vantaggioso dei vincitori ; le mene degli ambiziosi, che, per trar partito dalle circostanze ad accumular potenza e ricchezze, pullulavano su su dal fondo di quella corrotta società, come marcida fungaia dal fondo d'un'acqua stagnante ; le crudeltà dei prepotenti, che volevano, anche a mezzo di violenze e di sangue, aprirsi un varco nella folla dei concorrenti a quella specie d'albero della cuccagna ch'erano le usurpazioni dei poteri dello Stato con le loro mille seduzioni e promesse di dominio e di saccheggio dei beni pubblici e privati ; il vivo cordoglio e l'abbandono sconsolato in cui vivevano, nell'esilio volontario o non volontario, le anime dei virtuosi e degli onesti, fautori del partito repubblicano ; tutto insomma contribuiva a mostrare l'immagine dell'irreparabile catastrofe... Anzichè assopirsi, cresce a dismisura nelle classi non mai dome nel loro caratteristico orgoglio, il malcontento per il nuovo regime... La miseria intanto cresce spaventosamente in Roma e nella provincia ; lo spettro della fame s'aggira nelle campagne desolate e incolte dell'Italia ; le classi medie e il popolino sono ridotti alla miseria ed alla disperazione... Torme di miserabili si vedono per ogni dove languire d'ozio e di fame „ (1)

---

(1) U. Moricca, Introd. a Cicer. *De Finibus*, Torino, Chiantore, 1932, p. XXVIII, XXXI.

Ora, tanto appare a Cicerone falsa e menzognera la situazione che egli è certo che non può durare. La maschera di clemenza di Cesare e le sue bugie circa la restaurazione finanziaria (" divitiarum in aerario „) sono cadute; è impossibile che egli e i suoi, non d'altro capaci che di scialacquare, riescano ad amministrare soddisfacentemente le provincie e lo Stato ; cadranno da sè, per gli errori propri, " per se, etiam languentibus nobis „, " aut per adversarios aut ipse per se, qui quidem sibi est adversarius unus acerrimus „ ; questa tirannide non può reggere sei mesi, " iam intelliges id regnum vix semenstre esse posse „ (*ib.* X, 8) (1).

---

(1) Probabilmente, ciò di cui Cicerone avrebbe sopratutto incolpati i cesariani è che essi cadevano in quell'errore che il Romagnosi descrive così : " La temerità e l'intolleranza sono i vizi che sogliono guastare questo procedimento [inventivo dell' incivilimento]. Si pecca di temerità allorchè si tentano innovazioni o rifiutate dalla natura o non preparate sia nei fondamenti, sia dal tempo. Si pecca d'intolleranza allorchè si vuole seminare e raccogliere ad un sol tratto, e però si passa ad infierire contro attriti che da se stessi vanno cessando in forza della riforma fondamentale già praticata. Siate severi nel mantenere la giustizia, e nel rimanente lasciate operare il tempo sul fondo ben disposto. I vostri stimoli artificiali, le vostre correzioni minute, invece di giovare nuociono, invece di affrettare ritardano; e se per caso avrete un frutto precoce, ne avrete mille falliti „ (*Dell' Indole e dei Fattori dell' Incivilimento*, Avvertimento finale). Auree parole d'uno dei nostri massimi pensatori politici, che andrebbero anche oggi meditate e tenute presenti. Alle

Tale previsione di Cicerone andò incontro ad nna smentita colossale. Quella " divinatio „ dell'andamento degli eventi che egli, ricavatala dallo studio e dalla pratica, aveva la coscienza di possedere (1), qui gli fallì del tutto. E' vero che Cesare

---

quali vanno accostate, sempre ad illustrazione del sentimento politico, che, in quelle perturbate circostanze, si sprigionava vivo in Cicerone, le seguenti: " guai a quel popolo, nel quale, spento il punto d'onore, non prevalgono che poteri individuali! „ (*Inst. di Civ. Fil. Giurispr. Teor.* P. II, L. II, C. IV); nonchè la sua affermazione dei diritti dell'uomo, da lui chiamati " originaria padronanza naturale di ogni individuo „. " Quelli che vennero appellati *diritti dell'uomo* formano appunto il complesso di questa *originaria padronanza*. L'indipendenza, la libertà, l'eguale inviolabilità e il diritto di difesa e di farsi render ragione, sono tutte *condizioni* di questa originaria padronanza „ (*Lett. a G. Valeri*, IV).

(1) « Cui quidem divinationi hoc plus confidimus, quod ea nos nihil in his tam obscuris rebus tamque perturbatis umquam omnino fefellit. Dicerem, quae ante futura dixissem, ni vererer ne ex eventis fingere viderer » (*Ad Div.* VI, 6). « Exitus, quem ego tam video animo, quam ea quae oculis cernimus » (*Ad Div.* VI, 3). « Tamquam ex aliqua specula prospexi tempestatem futuram „ (*Ib.* IV, 3). Questa sicura previsione degli eventi, questo sicuro presentimento, Cicerone lo possedeva in effetto. Anche nella circostanza suaccennata egli prevedeva giusto, preveveva cioè quello che tutto faceva ritenere dover accadere. Se i fatti si svolsero in senso del tutto opposto alla sua previsione, si può, in un certo senso, dire che ebbero torto i fatti, non Cicerone; cioè che la realtà è irrazionale e casuale, e che mai vi fu un periodo di storia che sia stato come quello irrazionale e casuale,

fu ucciso poco dopo e probabilmente lo fu quando e perchè divenne chiara a tutti l'impossibilità in cui egli era di dominare la situazione, di riordinare cioè seriamente lo Stato e di soddisfare insieme le brame dei suoi seguaci (1), cosicchè Mazio — uno dei pochi cesariani onesti, che, come risulta da una sua nobilissima lettera (*Ad Div.* XI, 28), non aveva sfruttato Cesare vivo, e che gli rimase fedele anche morto, e anche durante quel momento in cui, subito dopo l'uccisione del dittatore, il cesarismo sembrava crollato e i cesariani in pericolo — diceva, deplorandone la morte: " che catastrofe! non c'è più rimedio; se lui, con l'ingegno che aveva, non trovava la via d'uscita, (exitum non reperiebat), chi la troverà ora? „ (*Ad Att.* XIV, 1). Ma dopo la morte di Cesare, come appunto prevedeva Mazio le cose finirono per peggiorare rapidamente. Anche Cicerone è costretto a constatarlo. Il tiranno perì (egli dice) ma vive la tirannia (*Ad Att.* XIV, 9 e 14);

---

(1) Va però tenuta presente anche la profondissima osservazione di Montesquieu: « Il étoit bien difficile que César pût défendre sa vie; la plupart des conjurés étoient de son parti ou avaient été par lui comblés de bienfaits: et la raison en est bien naturelle. Ils avoient trouvé de grands avantages dans sa victoire; mais plus leur fortune devenoit meilleure, plus ils commençoient à avoir part au malheur commun: car, à un homme qui n'a rien, il importe peu à certains égards en quel gouvernement il vive » (*Grandeur et décadence* cfr. XI).

ci siamo liberati dal re non dal regno (*Ad Div.* XII, 1); gli idi di marzo non consolano più come prima (*Ad Att.* XIV, 12, 22); " stulta iam iduum Martiarum consolatio, animis usi sumus virilibus, consiliis puerilibus ; excisa est arbor, non avulsa „ (*ib.* XV, 4); è stato lasciato vivo in Antonio l'erede del regno (*ib.* XIV, 21); si poteva con più libertà parlare " contra illas nefarias partes „ quando il tiranno era vivo che non ucciso lui (*ib.* XIV, 17); infine sarebbe meglio che Cesare vivesse ancora, " nonnumquam Caesar desiderandus „ (*ib.* XIV, 13). Infatti, la situazione era diventata quale la descrive ad Attico così : " sed vides magistratus ; si quidem illi magistratus ; vides tyranni satellites in imperiis ; vides eiusdem exercitus ; vides in latere veteranos „ (*ib.* XIV, 5). In conseguenza il sistema di governo che Cicerone prevedeva non poter durare un semestre, durò invece, continuamente aggravandosi o peggiorando, per quattordici secoli, cioè per quanto visse l'impero bizantino.

Ma nemmeno la fallacia di questa previsione fa torto alla mente di Cicerone. E' la fallacia propria delle menti profondamente razionali, che hanno una fede inconcussa nella ragione ; e la mente di Cicerone era appunto secondo la felice definizione che ne dà lo Zielinski, un " Aufkärungsverstand„ (1). A codeste menti è impossibile

____

(1) *O. c.* p. 147.

ammettere che la mostruosità, l'irrazionalità, l'assurdo vengano a tradursi permanentemente nel fatto, si facciano solida e stabile realtà. "Ciò è assurdo, quindi è impossibile „ ; questo è per siffatte menti un canone assolutamente insopprimibile, sradicando il quale essa sentirebbero di strappar le proprie medesime radici. A cagione della stessa forza della loro compagine razionale, è ad esse impossibile riconoscere che il fatto che una cosa sia assurda non impedisce menomamente che essa divenga realtà e che anzi quasi sempre nella storia umana avviene che ciò che all' inizio la mente scorgeva come cosa " assurda „, " pazzesca „, implacabilmente ciò non ostante si realizza. Come buon platonico Cicerone non poteva a meno di essere fermamente convinto che οὐκ ἔστιν ὅτι ἄν τις μεῖζον τούτου κακὸν πάθοι ἢ λόγους μισήσας (*Fed.*89 *d.*). Nel *logos* egli aveva indefettibile fede. Egli scorgeva dietro a sè, fin dove l'occhio della memoria poteva giungere, soltanto governo di popolo. Questo era per lui una "conquista permanente„ della civiltà, la civiltà stessa, la civiltà che non può perire. Con tale forma di governo il suo spirito si era immedesimato ; essa faceva parte essenziale della sua coscienza d'uomo, formava il cardine su cui poggiava tutta la sua vita spirituale (1). Pensare che tale

____

(1) Che tale stato d'animo fosse non solo " ciceroniano „ ma " romano „, emerge anche da ciò che l' indignazione per la caduta di quella forma di governo si

forma potesse crollare e permanentemente scomparire, era come pensare che potesse precipitare tutto ciò che si è sempre visto stabile, la terra, il sistema solare, ciò che è l'incarnazione di un'eterna legge della natura. Sempre gli uomini quando si sono trovati in una fase di cangiamento analoga a quella in cui si trovò Cicerone — e tanto più quanto più la loro mente era fortemente razionale — hanno emesso la medesima errata previsione di lui; ciò è assurdo, quindi impossibile, quindi non può durare. (1)

prolunga sino in S. Ambrogio, in cui, da signore romano d'antica razza quale era, la romanità viveva ancora, " Hic erat pulcherrimus rerum status, nec insolescebat quisquam perpetua potestate, nec diuturno servitio frangebatur. Nemo audebat alium servitio premere, cuius sibi successuri in honorem mutua forent subeunda fastidia; nemini labor gravis quem dignitas secutura relevaret. Sed postquam dominandi libido vindicare coepit indebitas et ineptas nolle deponere potestates... continua et diuturna potentia gignit insolentiam. Quem invenias hominem qui sponte deponat imperium et ducatus sui cedat insigne, fiatqe volens numero postremus ex primo ? „ (*Hexameron*, XV).

(1) Cosa degna di nota : lo stesso errore, la stessa illusione — nobilissimo errore ! — troviamo, come già si è rilevato, in Demostene, il dramma della cui vita fa esattamente riscontro a quello di Cicerone. Anche Demostene p. e. nella seconda Olintiaca prevedeva che la potenza di Filippo era alla fine ; πρὸς αὐτὴν ἥκει τὴν τελευτὴν τὰ πραγματ' αὐτῷ (§ 5). E questa previsione era per lui principalmente fondata appunto sul fatto che una potenza costrutta sulla malvagità non può durare. Οὐ γὰρ ἔστιν,

Il dramma, terribile dramma, della vita di Cicerone, è appunto questo. Il dramma dell'uomo

οὐκ ἔστιν, ὦ ἄνδρες Ἀνηναῖοι, ἀδικοῦντα καὶ ἐπιορκοῦντα καὶ ψευδόμενον δύναμιν βεβαιαν κτήσασθαι... τῶν πράξεων τὰς ἀρχὰς καὶ τὰς ὑποθέσεις ἀληθεῖς καὶ δικαίας εἶναι προσήκει (§ 10). E nemmeno dieci anni dopo Filippo trionfava definitivamente a Cheronea. Ad ogni momento troviamo questi pensieri nelle orazioni di Demostene, che perciò sono così istruttive circa le illusioni in cui il « razionalismo » induce gli uomini. Ma neppure la battaglia di Cheronea guarì Demostene dall'illusione. Plutarco narra che quando Filippo fu assassinato, Demostene comparve nell'assemblea, raggiante, φαιδρὸς, splendidamente vestito, incoronato: con la morte dell'uomo, secondo lui, la costruzione improvvisata ed effimera doveva certo crollare. E quando Alessandro si fece avanti a sorreggerla Demostene rideva di quel ragazzo imbecille, παῖδα καὶ μαγίτην (Plut., *Dem.* § 23). Ma la costruzione fondata sulla perfidia, e che perciò, secondo Demostene, non poteva reggersi, sboccò invece nel trionfo addirittura fantastico ottenuto appunto da Alessandro. Gli uomini non possono rassegnarsi a credere che una politica malvagia possa ottenere un successo duraturo, che il male trionfi permanentemente. Pur troppo, invece, è questa una pia illusione; e le cose vanno precisamente così. E gli astrattisti, i « razionalisti », gli spiritualisti, non sanno ricavare dal male che sotto i loro occhi permanente trionfa, neppure quell'unico bene che vi si potrebbe ricavare: quello cioè di essere definitivamente istrutti dell'andamento assolutamente arazionale, alogo, ateo, del mondo e della vita. Chiusi nel loro mondo dei meri concetti, è a quelli e alle deduzioni da quelli che continuano a credere, anziché aprire gli occhi ai fatti. « Sapiunt alieno ex ore petuntque res ex auditis potius quam sensibus ipsis » (Lucr. V. 1130).

che con disperazione vede rovinare intorno a sè senza possibilità di salvezza il mondo civile di cui la sua più intima vita stessa era intessuta, il mondo " razionale ", e trionfare ineluttabilmente, " in causa impia, victoria etiam foedior " (*De Off*. II, c. VIII), l'ingiustizia ed il male, una forma di mondo umano " impensabile ", "assurda". Il dramma della coscienza eticamente desta che vede con orrore ciò che essa giudica aberrazione morale e iniquità acquistare ufficialmente il carattere di nobiltà, grandezza, elevazione, e avviarsi a restare definitivamente sotto questo aspetto nella storia. Quando si fa a poco a poco chiaro nella mente di Cicerone l'ineluttabilità dell'evento, quando egli è ormai costretto a vedere che non c'è più speranza, a domandarsi : " quae potest spes esse in ea republica, in qua hominis impotentissimi (violento) atque intemperantissimi armis oppressa sunt omnia ? " (*Ad Div*. XI); quando deve constatare che " tot tantisque rebus urgemur, nullam ut allevationem quisquam non stultissimus sperare debeat " (*Ad Div*. IX, I), il suo strazio non ha confini. Ciò che già precedentemente, quando tale condizione di cose si delineava, egli cominciava a sentire, " civem mehercule non puto esse qui temporibus his ridere possit " (*Ad. Div*. II, 4), diventa ora il suo stato d'animo permanente. La vita non ha più sorriso : " hilaritas illa nostra erepta mihi omnis est " (*ib*. IX, II). Il suo grido è quello del coro degli Spiriti nel *Faust* (v. 1608 e seg.).

> Du hast zerstört
> Die schöne Welt
> Mit mächtiger Faust ;
> Sie stürzt, sie zerfällt !
> Ein Halbgott hat sie zerschlagen !
> Wir tragen
> Die Trümmern ins Nichts hinüber
> Und klagen
> Uber die verlorne Schöne.

Questo dramma strappa a Cicerone espressioni di dolore profondamente dilacerante. E la sua corrispondenza è forse la lettura più viva che l'antichità e probabilmente la letteratura d'ogni tempo ci offra, appunto perchè, come in nessun altro scritto, vi si scorge con l'immediata evidenza della vita vissuta e quasi vedessimo la cosa svolgersi giorno per giorno sotto i nostri occhi, come sotto quel dramma sanguini il cuore d'un uomo. Certo anche la terribilità della sua rovina personale affligge gravemente Cicerone : " natus enim ad agendum semper aliquid dignum viro, nunc non modo agendi rationem nullam habeo, sed ne cogitandi quidem „ (*Ad Div.* IV, 13) ; ed egli ha ragione di deplorare di essere stato travolto proprio nel momento in cui avrebbe potuto e dovuto, cogliendo il frutto dell'opera della sua vita, toccare l'apice della sua carriera. " Omnis me et industriae meae fructus et fortunae perdidisse „ (*ib.* XI, V). " Casu nescio quo in ea tempora aetas nostra incidit, ut, cum maxime florere nos oporteret, tum vivere etiam puderet „ (*ib.* V. 15). Certo anche la rovina che incombe sulla sua famiglia e specialmente sulla sua figlia lo tortura. " Quibus in miseriis una est pro omnibus quod istam miseram patre, patrimonio, fortuna omni spoliatam relinquam „ (*Ad Att.* XI, 9). Ma ciò che forma il crepacuore di Cicerone non è la sua situazione personale, bensì il baratro in cui è precipitato lo Stato. " Sed tamen ipsa republica nihil mihi est carius (*Ad Div.* II 15, XV, II). " Ego enim is sum, qui nihil umquam mea potius, quam meorum civium causa fecerim „ (*ib.* V. 21). Ma ora ? " Ego vero, qui, si loquor de re publica, quod oportet, insanus, si, quod opus est, servus existimor, si taceo, oppressus et captus, quo dolore esse debeo ? „ (*Ad Att.* IV, 6).

Due sono sopratutto le note in cui erompe l'espressione di questo suo strazio. In primo luogo, andarsene, andarsene dovunque, pur di non veder più simili cose: " evolare cupio et aliquo pervenire *ubi nec Pelopidarum nomen nec facta audiam* „ egli ripete con un tragico antico (*ib.* VII, 28, 30, *Ad Att.* XVI, 13, XV, 11) ; " ac mihi quidem iam pridem venit in mentem bellum esso aliquo exire, ut ea quae agebantur hic, quaeque dicebantur, nec viderem nec audirem „ (*Ad Div.* IX, 2); " longius etiam cogitabam ab urbe discedere, cuius iam etiam nomen invitus audio „ (*ib.* IV, 1).

Tu mi sembravi pazzo (scrive a Curio) quando abbandonasti Roma per la Grecia, ora veggo che sei " non solum sapiens, qui hinc absis, sed etiam beatus : quamquam quis, qui aliquid sapiat, nunc esse beatus potest ? „ (*Ad Div.* VII, 28). E' il desiderio che si fa strada persino nei suoi trattati, p. e. nelle *Tusculane*, dove parlando di Damarato, lo giustifica così : " num stulte anteposuit exilii libertatem domesticae servituti ? (V, § 109). O, se andarsene non si può, almeno ritirarsi in solitudine : " nunc fugientes conspectum sceleratorum, quibus omnia redundant, abdimus nos, quamtum licet, et saepe soli sumus „ (*De Off.* III, 3). —In secondo luogo, morire. " Perire satius est, quam hos videre „ (*Ad Div.* VIII, 17) « Mortem, quam etiam beati contemnere debebamus, propterea quod nullum sensum esset habitura (1), nunc

---

(1) Che cosa pensi intimamente Cicerone della vita futura, risulta, non già dal quadro, avente scopi puramente estrinseci, che traccia nel *Somnium Scipionis*, ma dalla sua corrispondenza. Oltre il passo sopra ricordato, e due altri, (*Ad Div.* VI, 3 e 21) ricordati più innanzi, basterà citare : « Praesertim cum impendeat, in quo non modo dolor nullus, verum finis etiam doloris futurus sit » (*ib.* VI, 4). E anche in altre opere di Cicerone questo suo vero pensiero si manifesta. Così nelle *Tusculane* (V. 117): Mors... aeternum nihil sentienti receptaculum ». Così in *Pro Marcello* (IX) « Quod (la fine) cum venit, omnis voluptas praeterita pro nihilo est, quia postea nulla est futura ». Così in *Pro Cluentio* (cap. LXI § 171): « quid ei tamdem aliud mors eripuit, praeter sensum doloris ? ».

sic affecti, non modo contemnere debeamus, sed etiam optare » (*ib*. V. 21); la filosofia sembra « exprobrare quod in ea vita maneam, in qua nihil insit, nisi propagatio miserrimi temporis » (*ib*. V. 15); non si sa « si aut hoc lucrum est aut haec vita, superstitem reipublicae vivere » (*ib*. IX. 17); « nam mori millies praestitit quam haec pati » (*Ad. Att*. XIV, 9); « eis conficior curis, ut ipsum quod maneam in vita, peccare me existimem » (*Ad Div*. IV. 13); « mortem cur consciscerem causa non visa est, cur optarem, multae causae » (*ib*. VII, 3). In uno spirito, così profondamente romano, cioè volto all'attività pratica e civica, la desolazione dello Stato faceva spuntare questo pensiero: « Ipsi enim quid sumus? aut cum diu haec curaturi sumus? » (*Ad Att*. XII, 11); « quid vanitatis in vita non dubito quin cogites » (*Ad Div*. II. 7). Così, pur nell'atto che prevede la prossima caduta del cesarismo, dice:

Allo stesso modo la pensava Cesare, il quale nel discorso, riferito da Sallustio, da lui tenuto in Senato circa la pena da darsi ai complici di Catilina, si oppose alla pena di morte appunto perchè con questa cessa la coscienza e quindi ogni male: « Eam cuncta mortalia dissolvere; ultra neque curae neque gaudio locum esse » *(Cat*. LI). Va però notato che Cicerone dà un'altra interpretazione a questo punto del discorso di Cesare. Cesare cioè era contrario alla pena di morte. Egli « intelligit, mortem a diis immortalibus non esse supplici causa constitutam, sed aut necessitatem naturae, aut laborum ac miseriarum quietem esse » *(In S. Catilinam*, IV, cap. IV. § 7.).

« id spero vivis nobis fore ; quamquam tempus est nos de illa perpetua iam, non de hac exigua vita cogitare » *(Ad. Att.* X, 8). E il pensiero della morte come unico scampo e rifugio viene a grandeggiargli dinanzi in modo, che bene spesso lo vediamo insinuarsi anche nei suoi scritti teorici : così, p. e., nel proemio del terzo libro del *De Oratore :* « sed ii tamen rei publicae casus secuti sunt, ut mihi non erepta L. Crasso a dis immortalibus vita, sed donata mors esse videatur » (III, 2); e così nelle *Tusculane :* « multa mihi ipsi ad mortem tempestiva fuerunt, quam utinam potuissem obire ! nihil enim iam acquirebatur, cumulata erant officia vitae, cum fortuna bella restabant (I, 109). Morte per sè, morte per coloro che amiamo ; questo soltanto è ciò che lo « status ipse nostrae civitatis » ci costringe a desiderare : « cum beatissimi sint qui liberi non susceperunt, minus autem miseri qui his temporibus amiserunt, quam si eosdem, bona, aut denique aliqua republica, perdidissent... non, mehercule, quemquam audivi hoc gravissimo, pestilentissimo anno adolescentulum aut puerum mortuum, qui mihi non a Diis immortalibus ereptus ex his miseriis atque ex iniquissima conditione vitae videretur » *(Ad Div.* V. 16).

Nè solo nell'animo di Cicerone il trovarsi « in tantis tenebris et quasi parietinis rei publicae » *(ib.* IV, 3) induceva il desiderio di sfuggire a questo sfacelo con la morte ; ma tale sentimento era certo diffuso. Nella bellissima lettera con cui

Servio Sulpicio cerca di consolare Cicerone per la morte della figlia, l' argomento principale che egli fa valere è, nelle circostanze presenti, " non pessime cum iis esse actum, quibus sine dolore licitum est mortem cum vita commutare „ e che Tullia visse finchè visse lo Stato, "una cum republica fuisse „ (*Ad Div.* IV, 5) ; al che Cicerone dolorosamente risponde che l'attività pubblica lo consolava dei dolori domestici, l'affettuosa intimità con la famiglia delle traversie pubbliche, ma ora " nec eum dolorem quem a re publica capio domus iam consolari potest, nec domesticum res publica „ (*ib.* IV, 6). Ed anche in Catullo, il disgusto invincibile suscitatogli dai " turpissimorum honores „, disgusto che faceva gemere dal suo canto Cicerone, così ; " o tempora ! fore cum dubitet Curtius consulatum petere ? „ (*Ad Att.* XII, 49, e circa Vatinio II, 9) suscita l' aspirazione alla morte (LII) :

> Quid est, Catulle ? quid moraris emori ?
> Sella in curulei struma Nonius sedet,
> Per consulatum peierat Vatinius ;
> Quid est, Catulle ? Quid moraris emori ?

Donde attinge Cicerone qualche conforto in questa immensa iattura ? Non dal foro che egli (interessante confessione) dichiara di non aver mai amato e nel quale del resto oggi non c'è più nulla da fare: " quod me in forum vocas, eo vocas, unde, etiam bonis meis rebus, fugiebam : quid enim mihi cum foro, sine iudiciis, sine curia ? „ (*Ad Att.* XII, 21). Era il momento in cui i vincitori della violenta lotta politica, giravano per Roma baldanzosi ed allegri, e i sostenitori dello Stato legale, battuti, erano melanconici: " Mane salutamus domi et bonos viros multos sed tristes (1), et hos laetos victores, qui me quidem perofficiose et peramenter observant „ (*Ad Div.* IX, 20). Due di essi, anzi, Irzio e Dolabella, si erano messi a prender lezioni d'eloquenza da lui, o forse, con questo pretesto, lo sorvegliavano per conto di Cesare. Anche queste lezioni recano a Cicerone qualche sollievo (*Ad Div.* IX, 18). In maggior misura, egli ne ricava dal far udire, quando e come era possibile, qualche parola di ammonimento. Così, pur avendo risoluto di non più parlare in Senato, allorchè sulla universale istanza di questo, Cesare amnistia Marcello (che non aveva fatto nessun passo per essere richiamato e sembrava non desiderarlo — e che fu, del resto, assassinato da un suo impiegato nel momento in cui stava per partire alla volta di Roma), Cicerone prende la pa-

---

(1) La voce dei gaudenti sfruttatori di situazioni immorali rinfaccia sempre a coloro che le condannano, come un torto, di essere afflitti o melanconici. Così quella voce si fa udire, secondo Seneca : « Istos tristes et superciliosos alienae vitae censores, suae hostes, publicos paedagogos assis ne feceris » (*Ep.* 123, § 11).

rola per ringraziare il dittatore ; ma sa anche attraverso i ringraziamenti esporgli il parere più libero e coraggioso che forse mai Cesare abbia sentito. " Quodsi rerum tuarum immortalium (egli ha l'ardire di significargli) hic exitus futurus fuit, ut devictis adversariis rem publicam *in eo statu relinqueres, in quo nunc est*, vide quaeso, ne tua divina virtus admirationis plus sit habitura quam gloriae „. (*Pro Marc.* VIII). Tu devi, egli incalza, preoccuparti della vera gloria, del giudizio che daranno i posteri sulle tue azioni, saper considerare ciò che tu fai, non cogli occhi abbacinati dei contemporanei, ma con quelli di coloro che giudicheranno le cose a distanza, nell'avvenire. Se tu non avrai ristabilito la vera legalità nello Stato, tu sarai certo sempre ricordato, ma non con giudizio concorde : " erit inter eos etiam, qui nascentur, sicut inter nos fuit, magna dissensio, cum alii laudibus ad caelum res tuas gestas efferent, alii fortasse aliquid requirent, *idque vel maximum*, nisi belli civilis incendium salute patriae restinxeris, ut illud fati fuisse videatur, hoc consilii „ (*ib.* IX). E' questo un nobilissimo linguaggio da cittadino onesto e d'animo forte ; linguaggio che, bisogna riconoscerlo, Cesare sa ascoltare, come altri e ben più vivaci attacchi contro di lui, con tolleranza ed equanimità, "civili animo„ (Svet., *Caes.*, 75) (1).

---

(1) Anche Cicerone nella sua corrispondenza talvolta constata che Cesare andava orientandosi a mitezza. P. e.:

L'intolleranza, l'oppressione, l'uso del potere per far tacere censure al detentore di esso, e persino per impedire di rispondere agli attacchi, comincia con Augusto ; ed è ciò che fa uscire Asinio Pollione (lo stesso, alla nascita del cui figlio il servile Virgilio, pronto a vendersi a tutti i potenti e a prostituire poi il suo genio a colui che tra questi occupa nella storia per bassezza e nequizia uno degli

---

" nam et ipse, qui plurimum potest, quotidie mihi delabi ad acquitatem et ad rerum naturam videtur „ *Ad Div.* VI, 10', Che così fosse (ed è la stessa cosa che accadde con Augusto) è naturale, perchè, se un uomo non è straordinariamente perverso, il suo grande successo e trionfo personale lo rende incline alla benevolenza verso gli altri, a diffondere anche intorno il sentimento di felicità che il successo gli dà. Solo un uomo dal cuore fondamentalmente malvagio nel suo più pieno e grandioso trionfo, quando ogni cosa gli va a seconda, diventa sempre più duro e crudele, e non è pago se non condisce quel trionfo col darsi la sensazione di poter a suo beneplacito tormentare, perseguitare, far soffrire altri uomini. Tale era Silla, secondo le parole che Sallustio mette in bocca ad Emilio Lepido : " Cuncta saevus iste Romulus, quasi ab externis rapta, tenet, non tot exercituum clade neque consulis et aliorum principum, quos fortuna belli consumpserat, satiatus: *sed tum crudelior, cum plerosque secundae res in miserationem ex ira vertunt* „ (Hist. Fragm.). Raramente, sì, ma però talvolta avviene che un uomo, favorito dalla più straordinaria fortuna, diventi sempre più bramoso di far del male agli altri. " Felicitas in tali ingenio avaritiam, superbiam ceteraque occulta mala patefecit „ (Tac., *Hist.*, III, 49).

ultimi posti, Ottavio, (1) dedicò la sconciamente
cortigiana e piaggiatrice Egloga IV) nell'elegante
epigramma, riportato da Macrobio (*Saturn.* II, 4),
che non si può più scrivere dove in risposta si
può proscrivere : " temporibus triumviralibus Pollio
cum fescenninos in eum Augustus scripsisset, ait:
at ego taceo ; non est enim facile in eum scribere
qui potest proscribere „. (2)

Più ampio conforto ricavò Cicerone dagli studi,
sebbene una volta fuggevolmente accenni che forse
senza la sua cultura sarebbe più atto a resistere,
" exculto enim animo nihil agreste, nihil inhuma-

---

(1) Si vegga nel libro di **V. Alfieri**, *Del Principe e delle
Lettere* (nobile e grande libro, pieno d'uno slancio di dignità
appassionata e d'ingegno e che in un popolo dalla spina
dorsale diritta dovrebbe essere il codice morale di tutti gli
uomini di pensiero) la forte e giusta critica alla " virgi-
liana viltà „ (L. II, C. II), e la dimostrazione che questa
viltà ha in Virgilio guastato l'arte. " Quella parte divina
che ha per base il vero robusto pensare e sentire, totalmente manca in Virgilio „ (L. II, C. VI). " Se egli non
avesse avuto nell'animo quella viltà che sempre dà il pane
principesco, assai maggiore sarebbe stato egli stesso e
quindi assai maggiore il suo libro „ (L. II, C. VI ; e si
vegga anche il C. VIII). E il **Cantù**, *Storia degli Italiani*,
ult. ed. I, 582, n. 94: " Virgilio si lascia traricchire „.
V. anche **Boissier**, *L'opposition sous les Césars* p. 131.

(2) Di questo epigramma, senza citare la fonte, il
Boissier dà, probabilmente a memoria, la seguente versione :
« Les Romains disaient avec raison qu'il est rare qu'on
se contente d'*écrire* quand on peut *proscrire* » (*Cicéron
et ses amis*, Hachette, 1923, p. 305). Ve n'è un'eco in
Sen. *Suas.*, VIII : « Peribit ergo quod Cicero scripsit,
manebit quod Antonius proscripsit ? ».

num est „. (*Ad Att.* XII, 46) ; e sopratutto dallo studio della filosofia, la passione per la quale "quotidie ita ingravescit, credo et aetatis maturitate ad prudentiam et his temporum vitiis, ut nulla res alia levare animum molestiis possit. „ (*Ad Div.* IV, 4). Le sue lettere di questo periodo sono piene delle sue attestazioni che non vive se non negli studi filosofici e non trae conforto che da essi (*ib.* IV, 3 ; VI, 12 ; IX, 26 ; XIII, 28). Ad aumentare questo conforto, ad aiutarlo a stornare il pensiero dalle calamità dello Stato, s'aggiunge la sua attività di scrittore. Sono questi gli anni della sua intensa e feconda produzione filosofica. " Nisi mihi hoc venisset in mente, scribere ita nescio quae, quo verterem me non haberem „ (*Ad Att.* XIII, 9) " Equidem credibile non est, quantum scribam die, quin etiam noctibus, nihil enim sommi „ (*ib.* XIII, 26). " Nullo enim alio modo a miseria quasi aberrare possum „ (*ib.* XIII, 45). Vero è che le afflizioni e le inquietitudini, l'incertezza dell'avvenire, derivanti dal pessimo andamento degli affari pubblici, non permettono piena pace nemmeno nello studio : " Utinam quietis temporibus, atque aliquo, si non bono, at saltem certo statu civitatis, haec inter nos studia exercere possemus ! „ Però, appunto in tali circostanze, " sine his cur vivere velimus ? „ (*Ad Div.* IX, 8). Così nascono i trattati di filosofia di Cicerone, circa i quali si cita sempre per aiutare a deprezzarli la fuggevole frase " sono copie „ cascatagli dalla penna scrivendo al suo amico e certo come convenzionale espressione di modestia di fronte all'ammirazione di lui *(Ad Att.* XII, 52); ma si dimentica di raffrontare tale frase con le sue numerose e consuete esternazioni dalle quali risulta che ben altra era la stima ch'egli faceva dei propri scritti. " Res difficiles „ *(ib.* XII, 38) egli dice di star scrivendo; quanto alle *Accademiche* è convinto " ut in tali genere ne apud Grecos quidem simile quidquam „ *(ib.* XIII, 13); le chiama " argutolos libros „ *(ib.* XIII, 18), composti " ita accurate, ut nihil posset supra „ *(ib.* XIII, 19); i libri del *De Oratore* gli sono "vehementer probati „ (ib.) e così il *De Finibus ib.* XIII, 12); sente il *De Senectute* soddisfa Attico *(Ad Att.* XVI, 3 e 11) e l'*Orator* Lepta *(Ad Div.,* VI, 18) ed esprime anche la sua propria soddisfazione per queste due opere; " mihi valde placent, mallem tibi „, dice dei libri, perduti, *De Gloria (Ad Att.* XVI, 2). In particolare, tra le sue opere filosofiche le *Tusculane,* che facilmente si prendono per un mero esercizio letterario, sono invece un libro profondamente vissuto, rampollato dalla tragica realtà di vita in cui Cicerone si dibatteva, e che come tale, come idoneo cioè a fornir conforto e forza in quelle circostanze doveva essere generalmente sentito, e certo da Attico se Cicerone gli scrive: " quod prima disputatio Tusculana te confirmat, sane gaudeo : neque enim nullum est perfugium aut melius aut paratius „ (XV, 2 e v. anche XV, 4). Bel libro, che in ogni epoca, nelle medesime circostanze da cui esso è nato, è servito allo scopo per cui era stato scritto : " die Eroica der römischen Philosophie „ come con calzante espressione lo definisce lo Zielinski (1).— Ma il supremo conforto di Cicerone è un altro.

* * *

Esso consiste non tanto nell' immergersi nella filosofia come un'occupazione mentale opportuna a distornare il pensiero da quello che poi Lucano, il grande poeta anticesariano, definirà " ius sceleri datum „ (II, 1), quanto nel rivivere in sè i concetti della filosofia come atti a fornire forza d'animo per affrontare e sopportare le sciagure derivanti da una situazione politica e sociale particolarmente triste : filosofia cioè non come " ostentationem scientiae, sed legem vitae „ (*Tusc.* II, 11). Anche in lui, per usare l'espressione di cui poi si servì Marco Aurelio (VII, 2) ζῇ τὰ δόγματα (2).

(1) *O. c.,* p. 87. — Giustissimamente il Moricca: "Saremmo forse anche noi tentati di ritenere l'operetta tulliana un'amplificazione rettorica, se non pensassimo che quelle parole... furono scritte per una generazione d'uomini... nelle cui orecchie esse... andavano diritte al cuore „. " Un libro di morale dell'epoca di Cicerone è da considerarsi non come una fredda e vuota argomentazione rettorica bensì come un'eco squillante delle voci del passato, che sale dalle tombe e vince i secoli „ (*O. c.* p. XXIX).

(2) Secondo il testo di Trannoy (« Les Belles Lettres »).

Il bisogno di vivere tali precetti, di farli diventar succo e sangue, e il serio sforzo per giungere a ciò, Cicerone manifesta anzitutto in una maniera singolarissima, scrivendo cioè un libro di consolazione a se stesso. " Quin etiam feci, quod profecto ante me nemo, ut ipse me per literas consolarer ; quem librum ad te mittam si descripserint librari ; affirmo tibi nullam consolationem esso talem ; totos dies scribo ; non quo proficiam quid, sed tantisper impedior, relaxor „ (*Ad Att.* XII, 14). Proprio una specie di quel che sarebbe ora il diario su cui consegniamo le nostre quotidiane meditazioni morali.

Si tratta, quindi, poichè dovevano servire di conforto per le vicissitudini esterne, dei precetti della filosofia platonico - stoica. Vediamo in Cicerone l'inizio di tale applicazione pratica dello stoicismo, di cui poi in momenti ancora più tetri ed oppressivi, uomini come Trasea Peto ed Elvidio Prisco fornirono esempi ancora più insigni, e che successivamente si sviluppa fino al punto che il filosofo stoico, come, poscia, nel mondo cristiano, il sacerdote, assisteva nelle ultime ore quegli cui il tiranno ordinava di morire, anzi molti tenevano costantemente in casa propria, direttore di coscienza e confortatore, il loro filosofo (1).

---

(1) Plauto, fatto morire da Nerone, viene nei suoi ultimi istanti assistito e confortato dai " doctores sapientiae „ Cerano e Musonio (Tac., *Ann.* XIV, 59), Trasea da

" O Socrates et socratici viri ! (esclama Cicerone, qui, veramente riguardo a traversie di carattere privato). Numquam vobis gratiam referam. Dii immortales quam mihi ista pro nihilo „ (*Ad Att.* XIV, 9). Attico (egli scrive al suo liberto e segretario Tirone) mi vide agitato, crede che sia sempre lo stesso, "nec videt quibus presidii philosophiae septus sim „ (*Ad Div.* XVI, 23). La disperata e rovinosa condizione dello Stato " quidem ego non ferrem nisi me in philosophiae portum contulissem „ (*ib.* VII, 30). " Equidem et haec et omnia quae homini accidere possunt sic fero ut philosophiae magnam habeam gratiam, quae me non modo ab sollecitudine abducit, sed etiam contra omnes fortunae impetus armat, tibique idem censeo faciendum, nec, a quo culpa absit, quidquam in malis numerandum „ (*Ad Div.* XII, 23). E noi vediamo veramente questo pensiero centrale dello stoicismo, cioè lo sforzo di distornare il proprio interesse da ogni cosa esteriore per concentrarlo unicamente nel nostro comportamento, e in ciò trovare appagamento e pace (questo, come si può chiamare, ottimismo della disperazione, che è il solo che resta nei momenti di maggiormente infelici condizioni esterne, perchè vuole appunto, riconoscendo tale inguaribile infelicità, trovare an-

---

Demetrio (*ib.* XVI, 35); e Seneca dice di Cano, mandato al supplizio da Caligola, " prosequebatur illum *philosophus suus* „ (*De Tranq. An.* XIV, 9).

cora una tavola di salvezza), vediamo questo pensiero centrale dello stoicismo svelarsi sempre più chiaro agli occhi di Cicerone e proprio come postogli innanzi delle circostanze di fatto. " Sic enim sentio, id demum, aut potius id solum esse miserum quod turpe est „ (*Ad Att*. VIII, 8 e v. anche X, 4). " Video philosophis placuisse iis qui mihi soli videntur vim virtutis tenere, nihil esse sapientis praestare nisi culpam „ (*Ad Div*. IX, 19). Cogliamo il procedere di questa appassionante tragedia, per cui un uomo di indole ilare e disposto a gioire delle cose, degli spettacoli naturali, dell'arte, della letteratura, delle relazioni sociali, dell'attività pubblica e anche della ricchezza, è, a poco a poco, dal rovinio politico, risospinto entro sè stesso e costretto a vedere e cercare la felicità soltanto nel proprio retto comportarsi. Le meditazioni filosofiche (scrive a Varrone) ci recano ora maggior frutto " sive quia nulla nunc in re alia acquiescimus, sive quod gravitas morbi facit, ut medicinae egeamus eaque nunc appareat, cuius vim non sentiebamus cum valebamus (*Ad Div*. IX, 3). Naturalmente con questo alto sentimento a cui Cicerone è ora pervenuto, il pensiero della morte, qui fonte anch'esso di consolazione e forza, viene a intrecciarsi. " Nunc vero, eversis omnibus rebus, una ratio videtur, quicquid evenit ferre moderate praesertim cum omnium rerum mors sit extremum... magna enim consolatio est cum recordere etiamsi secus acciderit te tamen recta vereque sensisse „ *(Ad Div.* VI, 21). " Nec enim dum ero angar alia re, cum omni vacem culpa ; et si non ero, sensu omnino carebo „ *(ib.* VI, 3) Il crollo dello Stato è cosa gravissima, " tamen ita viximus et id aetatis iam sumus, ut omnia quae non nostra culpa nobis accident, fortiter ferre debeamus „ *(Ad Div.* VI, 20).

E tali pensieri, tali alti ed austeri conforti ed incoraggiamenti, i grandi spiriti di quel periodo si scambiavano tra di loro, prova, sia di quanto il dolore per la catastrofe dello Stato era largamente sentito, sia della estensione che a lenimento di questo dolore siffatto ordine di pensieri allora aveva preso. Era la genuina visuale stoica a cui i nefasti avvenimenti politici aveva tutti guidati: " non aliundo pendere, nec extrinsecus aut bene aut male vivendi suspensas habere rationes „ *(Ad Div.* V. 13). Se Cicerone ad ogni momento ripete di sè " quidquid acciderit, a quo mea culpa absit, animo forti feram „ *(Ad Div.* XII, 11), " nec esse ullum magnum malum praeter culpam „ *(ib.* VI, 4) ; " sed tamen vacare culpa magnum est solatium „ *(ib.* VII, 3) ; se per sè pensa " fortunam, quam existimo levem et imbecillam, animo firmo et gravi, tamquam fluctum a saxo frangi oportere „ *(ib.* IX. 16) ; se l'esperienza di quella dolorosissima fase lo fa approdare alla definitiva conclusione che " in omni vita sua quemque a recta conscientia transversum unguem non oportet discedere „ *(Ad Att.* XIII, 20) — queste sono anche le idee che Cicerone inculca a tutti i suoi amici; e a Lucceio: " quod te praeclare res humanas contemnentem et optime contra fortunam paratum armatumque cognovi „ (*Ad Div.* V, 13); e a Sestio: " homines sapientes turpitudine non casu, et delicto suo, non aliorum iniuria commoveri „ *(ib.* V, 17); e a Mescinio: " tibi persuade praeter culpam ac peccatum, homini accidere nihil posse, quod sit horribile aut pertimescendum „ *(ib.* V, 21); e a Rufo: " intelligo te nihil putare utile esse, nisi quod rectum honestumque sit... si nos ii sumus, qui esse debemus, id est studio digni et litteris nostris, dubitare non possimus, quin ea maxime conducant, quae sunt rectissima,, *(ib.* V, 19): e a Torquato: " ferendum esse fortunam praesertim quae absit a culpa „ *(ib.* VI, 2), e ancora a Torquato: " cuius tanti mali (la rovina dello Stato) vereor ne consolatio nulla possit vera reperiri, praeter illam quae tanta est, quantum in cuiusque animo roboris est atque nervorum; simus igitur ea mente, quam ratio et veritas praescribit, ut nihil in vita nobis praestandum, praeter culpam, putemus; eaque cum careamus, omnia humana placata et moderata feramus „ *(ib.* VI, 1) e a Nigidio Figulo *(ib.* IV, 13) e ad altri. E, viceversa, gli amici di Cicerone richiamavano lui stesso a questi sentimenti ogni qual volta di tal richiamo anch'egli aveva bisogno. " Noli te oblivisci (gli scrive Sulpicio in morte di Tullia) Ciceronem esse et eum qui aliis consueris praecipere et dare consilium... quae aliis praecipere soles, ea tute tibi subiice, atque apud animum propone; vidimus aliquotiens secundam pulcherrime te ferre fortunam, fac aliquando intelligamus adversam quoque te aeque ferre posse *(ib.* IV, 3).

Dalle lettere di Cicerone si potrebbe così ricavare un'antologia di massime di vita stoica da servire efficacemente in ogni tempo al ripresentarsi di analoghe circostanze (e tale è forse sopratutto la ragione per cui queste lettere suscitarono in ogni tempo l'ammirazione, anzi il culto di nobili animi), più efficacemente ancora che non i suoi trattati, come le *Tusculane* e il *De Officiis*, ove egli dava sistemazione teorica alle medesime idee. I quali però appunto perchè non contengono se non quelle idee morali che, suscitate in Cicerone dalle vicende di ogni giorno, riempiono la sua corrispondenza, ci si ridimostrano, non mere esercitazioni letterarie, ma anzi libri cresciuti su dalla vita vera e scritti col sangue che le ferite inferte da questa facevano stillare dal suo cuore. « Herzenphilosophen » chiama giustamente Cicerone lo Zielinski (1).

Plutarco racconta *(Cic.* 49*)* che un giorno Augusto essendosi accorto che un suo nipote scorgendolo nascondeva impaurito un libro sotto la

***

(1) *O. cit.*, p. 299.

toga, glielo prese, e visto che era di Cicerone ne lesse un tratto, poi lo restituì al ragazzo, dicendo : uomo dotto e amante della patria, λόγιος ἀνήρ, ὦ παῖς, λόγιος καὶ φιλόπατρις. Tardo (come al solito) riconoscimento dei meriti di colui che egli aveva raggirato, tradito, abbandonato al carnefice. Ma Cicerone è qualcosa di più. Spirito altissimo e di sensibilità morale squisitissima, da cui le circostanze, in mezzo alle quali gli toccò vivere, espressero, in ragione di tale sua sensibilità, una soma di dolore enorme, egli seppe da questa esperienza di dolore trarre un'esperienza morale di elevazione e di purificazione del dolore stesso nel fuoco della filosofia intesa come vita, di cui non molti sarebbero stati capaci. Questo è particolarmente ciò che rende appassionatamente attraente la sua grande figura, alla quale veramente—secondo un pensiero che trova eco sino in Giovenale (VIII, 243)—e non ai Cesari a cui la serva adulazione lo dava, Roma libera avrebbe attribuito il titolo di « padre della patria ».

> Sed Roma parentem,
> Roma patrem patriae Ciceronem libera dixit.

INDICE

* 9 7 8 8 8 3 3 0 0 3 3 5 1 *